# 行徳歴史街道 6

人――
この素晴らしき生きもの

鈴木和明
Kazuaki Suzuki

文芸社

# 序

　本書『行徳歴史街道6』の特徴は『行徳歴史街道5』と同様に、これまでの行徳関連の郷土史で触れられていなかったテーマを取り上げたことです。

「幻の村と浄土宗寺院」では本行徳中洲の歴史と浄土宗寺院の動きを詳細に追いました。これによって徳川家康の行徳支配の構図の一端が明らかにされたと思います。

　なお、本稿は「有限会社行徳ニュース社」山口茂社長の急逝を悼み、追悼のために巻頭に掲載致しました。また、本稿は新聞連載入稿原稿であり、かつ、未掲載であったものです。

「人間堤防」では筆者の祖父も加わったであろう江戸川の洪水により、いままさに決壊しようとしている堤防を護る姿を描きました。人々の熱き息吹を感ずることでしょう

「成田山常夜燈とお土産になった行徳塩」では目減りしない塩を作り出した行徳の農民と新河岸を通過して行く旅人の総人数の計算をしてみました。また河原の渡しまでの江戸川区内の街道を追いました。

「屋敷神と横町稲荷」では行徳の農民が神を祀る経緯を筆者の家族の経験から書いてみました。そこから、物事を始める時と、終わりにする時の難しさを知ってほしいと思います。

「伊能忠敬と葛飾北斎」では新井村名主鈴木清兵衛（行徳金堤）が伊能忠敬・葛飾北斎・谷文晁・滝

沢馬琴などの著名人とどのように関わっていたのかを書いてみました。名主の二人が海岸で談笑する様子が目に浮かびます。

「行徳の治安と千葉県巡査の殉職」では現在の行徳地域の治安と医療の基礎を築いた一巡査の献身を描きたいと思って書きました。

「欠真間村は南行徳の母村」では大きな村だった欠真間村が江戸時代~明治・大正・昭和の時代にどのように分村され分割されてきたのかを明らかに致しました。

資料としては「上妙典村明細帳」「下妙典村明細帳」の全文を収録しました。『行徳歴史街道』に収録した「本行徳村明細帳」と合わせて読めば行徳地域の農民の実情が詳らかになることでしょう。

なお、新聞連載で紙面の都合上簡略にした部分を補足するとともに詳細な注釈を加えました。

本書は以下の新聞連載随想を加筆・補正して刊行しました。

『京葉タイムス』(有限会社行徳ニュース社発行)二〇一六年三月六日第七一七号~二〇一八年一二月九日七四四号。

二〇二〇年一月吉日

鈴木和明

# 行徳歴史街道6●目次

## 人間堤防　29

# 幻の村と浄土宗寺院

## 本行徳中洲に神明社があった

旧江戸川の市川市河原《かわら》の対岸は東京都江戸川区東篠崎《ひがししのざき》と言うが昔は伊勢屋《いせや》と言った。河原の渡しのあった場所だ。そのすぐ川下《かわしも》の地は江戸時代に本行徳中洲《ほんぎょうとくなかす》と呼ばれ、明治時代の地図では行徳飛地とか千葉県などと表示されている。現在は東篠崎二丁目と言う。この地域は現在大きな製紙会社の工場がある。東篠崎地域は都営団地や建売住宅、工場などが多く、訪ねても旧家はとても少ない。東篠崎の南隣は江戸川一丁目だが、ここは江戸時代に前野村《まえのむら》と言われた所だ。旧前野村の北側部分は現在は南篠崎町の一部になった。前野村の鎮守《ちんじゅ》は前川《まえかわ》神社と言う。前川とは言い得て妙である。前野村は江戸川を渡り行徳で塩焼稼業《しおやきかぎょう》をしていた村である。前野の渡しは明治時代は湊《みなと》の渡しと言ったが今はその痕跡《こんせき》がない。

江戸時代に本行徳中洲と言われた所は中世の葛西御厨篠崎郷《かさいみくりやしのざきごう》の一角で、伊勢神宮《いせじんぐう》の末社《まっしゃ》である神《しん》明社《めいしゃ》が祀《まつ》られていた。その時は小祠《しょうし》だったという。葛飾三地誌《かつしかさんちし》（葛飾記《かつしかき》、葛飾誌略《かつしかしりゃく》、勝鹿図志手《かつしかずして》くりふね）に創建《そうけん》年代は記載されていない。ただ、『千葉県東《ひがし》葛飾郡誌《かつしかぐんし》（復刻版）』では大永《だいえい》七年（一五二七）、『千葉県神社名鑑《めいかん》』では大永年間（一五二一～一五二七）創建としている。

## 金海法印は行徳さまと呼ばれた

神明社の創建年は実際の所はっきりわからないのだが、郷土史では大永七年という年を当てている。しかし、筆者がすでに指摘するように『香取文書《かとりもんじょ》』に行徳という地名が出てくる。応安《おうあん》五年（一三七二）一一月九日付の文書だ。(1) であれば金海法印《きんかいほういん》なる山伏《やまぶし》が、徳が高く「行徳さま」と呼ばれていたことから行徳の地名が発祥《はっしょう》したということは、大永七年から更に一五〇年も時代が遡《さかのぼ》ることになる。神明社の創建年代も同様にもっと昔に遡るのだろうか。

大永七年から一五年後の天文《てんぶん》一一年（一五四二）、金海法印なる者が来て行徳山金剛院《ぎょうとくさんこんごういん》を建立《こんりゅう》、これを御行屋敷《ごぎょうやしき》と言った。ここにも金海の名が出てくる。また、この地を金海の森とも言った。金剛院は江戸時代の享保《きょうほう》年間（一七一六～一七三五）にこの地から退転するが、金剛院があった場所のことを御行屋敷と字《あざな》(2)したとされる。

## 行徳は一村に神社一、寺一

行徳地域の村々のことで筆者がいつも指摘していることは、一村に神社一、寺一というのが決まりのようにあるということだ。であれば、本行徳中洲の地に村としての体裁はすでに整っていたと言える。神明社と金剛院があるからだ。

神社とお寺があるということはそれだけの人と富があったということだ。つまり、本行徳中洲の地は本来の「行徳の本地」だったから、「中洲村《なかすむら》」と称してもよい村があったはずである。あるいは、中洲を名乗った人物か家があっても不思議でない。

ただ、この点についての市川市や江戸川区の史料は全くない。推測にすぎない。この中洲村のことを指摘した方がおられたのだが、否定的な意見が多かったらしい。裏付けにしたい文書類《もんじょるい》がないのだから「思い込みが激しい」と言われても仕方がない。さしずめこの原稿を執筆している筆者などもそのように言われそうだ。

しかしながら、郷土史はばらばらなさまざまな事柄を集めて推測し仮説を立てることから始まると思う。そして改めて史料を集め考える。その逆のこともある。

## 神明社だけが本行徳へ引っ越してきた

大正時代にも今の江戸川区東篠崎二丁目地域（旧本行徳中洲）に金海堀《きんかいぼり》と称する堀があった。それが金海法印が神明社を勧請《かんじょう》した証《あかし》であると『千葉県東葛飾郡誌（復刻版）』が指摘している。

じつは、いま探しても金海堀なるものが見つからないのだが、「金海稲荷《きんかいいなり》」という神社ならばある。神社の社務所《しゃむしょ》は東篠崎町 共栄《きょうえい》会館を兼ねている。町会の会館だ。「金海」という呼称に筆者は反応したのだが、由来を聞いても知る人が見つからない。『江戸川区史』などの文献にも記載がない。だから金海法印との関連もわからない。筆者の調査不足なのだろうか。

ここまでの神明社についての記述はすべて江戸川向こうの東京都江戸川区東篠崎二丁目（旧本行徳中洲）のこと。この神明社が市川市本行徳（一丁目）の現在地に遷座《せんざ》されたのは寛永《かんえい》一二年（一六三五）のことだ。

不思議に思うのはこの時に行徳山金剛院も一緒に引っ越して来なかったのか、ということだ。そのことについての文書がない。ただ、真言宗《しんごんしゅう》神明山《しんめいざん》自性院《じしょういん》が、遷座されて来た神明社の隣地にすでにあった。天正《てんしょう》一六年（一五八八）建立であり、神明社の別当寺《べっとうじ》となった寺である。であるから、金剛院は本行徳中洲に残ったと思う。念押しするが、自性院の山号《さんごう》は神明山である。

## 札所二番は金剛院だった

元禄《げんろく》三年（一六九〇）に行徳領三十三所観音札所順礼《さんじゅうさんしょかんのんふだしょじゅんれい》が始まった時、地誌の記載の札所二番は福《ふく》泉寺《せんじ》だった。(3) 本来は二番は金剛院のはずだ。この記事が載った『葛飾記』は一七四九年刊行で金剛院が退転した享保の時代から三〇年ほど後の時代で、享保の時代よりも前は江戸川向こうにあった金剛院が札所二番だったわけだ。地誌は金剛院が退転してから書かれている。その時点での二番はすでに福泉寺だったから地誌の記載は間違ってはいない。ただ、金剛院の道歌がはずされて、福泉寺のものと差し替えられている。

当初の順礼のコースとしては一番は徳願寺《とくがんじ》で二番は川向こうの金剛院で三番は長松寺《ちょうしょうじ》だから廻《めぐ》るのに不便と思えるが、金剛院の「格式」というものがそうさせたのだろう。ただし、長松寺ははじめ金剛院と同じ本行徳中洲にあった寺であり、本行徳へ移ってきている。金剛院については『江戸川区史』にも記載がない。

## 徳川家康が勝願寺の不残上人に帰依した

本行徳中洲には徳願寺の前身の普光院《ふこういん》という草庵《そうあん》もあった。慶長《けいちょう》年間（一五九六〜一六一四）建立の庵とされる。金剛院や長松寺よりも後の時代になる。徳願寺の創建は慶長五年、慶長一五年、慶長一九年と諸説あるが、寺史は慶長一五年（一六一〇）とする。『葛飾誌略』は慶長五年とする。であれば草庵を営んだのは慶長初期であろう。[4]普光院は徳願寺の前身だからだ。では、なぜそれほどに普光院の設置を急いだのだろうか、それには理由がある。

徳願寺さんについては次のようなこともわかっている。じつは徳願寺の開祖《かいそ》は埼玉県鴻巣市《こうのすし》の浄土宗《じょうどしゅう》勝願寺《しょうがんじ》中興《ちゅうこう》不残上人《ふざんしょうにん》とされる。天正七年（一五七九）、その円誉《えんよ》不残上人が勝願寺の住職になった。不残上人は学徳がとても高く文禄《ぶんろく》元年（一五九二）に徳川家康《とくがわいえやす》から銀《ぎん》、玄米、和紙などが贈られた。家康はその時すぐに不残上人に帰依《きえ》するとともに関東郡代《かんとうぐんだい》の伊奈《いな》一族に檀家《だんか》になるよう命じた。慶長年間に行徳から本八幡《もとやわた》へ通ずる新道《しんみち》を開発したのが伊奈忠次《ただつぐ》だ。忠次夫妻の宝篋印塔《ほうきょういんとう》が勝願寺にある。文禄元年は徳川家康が行徳を天領《てんりょう》とした二年後のことだ。家康の動きは素早い。

## 法泉寺に休憩した家康から寺地を賜わる

この不残上人が本行徳中洲に草庵を構えた。家康の意を汲んでのことであろうか、あるいは浄土宗寺院の布教のためだろうか。

家康は東金《とうがね》に鷹狩《たかがり》に行く途中、両三度、法泉寺《ほうせんじ》の権現堂《ごんげんどう》に立ち寄る。この時に接待に出た僧侶の中に普光院の住職不残上人がいた。地誌には不残上人の名がないから「いた」というのは筆者の推測である。坊主は田地《でんち》にても持つや、との家康の問いに、徳願寺和尚《おしょう》が居合せて、極貧にて一合《いちごう》も所持《しょじ》

仕《つかまつ》らずと申上げ、徳願寺と名乗る。徳願寺の寺地《てらち》はこの時に家康から賜《たまわ》ったものだ。(5)

地誌のこの逸話《いつわ》を読んでなんと運の良いお坊さんかと初めは思った。しかし、徳願寺初代円誉不残上人の本寺《ほんじ》は勝願寺で、徳川家康はすでにその不残上人に帰依していたわけだから、法泉寺での逸話のことはすでに根回しが済み、段取りが整った上でのものだったに違いない。本行徳にすでにあった他の寺の関係者を納得させるためのお膳立てと言える。このようなことが語り残される出来事に近いことが実際にあったに違いない。

鴻巣の勝願寺はさらに三《み》つ葉葵《ばあおい》の紋《もん》の使用を許可されていた。徳願寺さんにもこの葵の御紋が付けられているのはよく知られていることだ。家康が行徳に浄土宗寺院の橋頭堡《きょうとうほ》を築いた出来事だ。事実は小説よりも奇なりとよく言うが、推して知るべし、である。

なお、徳願寺の御本尊《ごほんぞん》の阿弥陀如来像《あみだにょらいぞう》は、徳願寺二世行誉忠残《ぎょうよちゅうざん》和尚が上様《うえさま》より賜ったものとされる。徳川家光《いえみつ》の母お江《ごう》の方《かた》(崇源院《すうげんいん》)(6)が、北条政子《ほうじょうまさこ》が運慶《うんけい》に彫らせた阿弥陀如来像を鎌倉から取り寄せて所持していたものだ。行徳に対する徳川幕府の力の入れ具合がわかるだろう。忠残和尚も勝願寺から派遣されて来た僧侶である。

## 長松寺に塩竈明神が祀られていた

本行徳中洲には天文二三年(一五五四)建立の禅宗臨済派塩場山長松寺《ぜんしゅうりんざいはえんじょうざんちょうしょうじ》もあった。その頃の長松寺の本行徳の現在地は塩場《しょば》だった。長松寺の檀家の人たちが働く塩田地帯である。江戸川向こうに長松寺があったということは、檀家のほとんどは川向こうにいたということだ。川を渡り塩田で働いた。戦国時代、本行徳の地は本行徳中洲から見たら「新地《しんち》」だ。住いの地と作業場の地は別にするだろう。作業場に住む人はいない。

長松寺は創建当初から塩竈明神《しおがまみょうじん》という神を祀っていた。その明神が塩を焼いたと伝える。神が直接塩焼をするわけがないから、実際の作業は長松寺の檀家である「民《たみ》」がした。残念ながら塩竈明神はいまは長松寺にない。明治維新の際の廃仏毀釈《はいぶつきしゃく》の際に分離させられて行方不明だとされる。

## 埋立地の押切へ移って来た光林寺

浄土宗来迎山光林寺《らいげいざんこうりんじ》は草庵だった頃は本行徳中洲の地にあった。(7) 天文年間（一五三二～一五五四）建立。であれば、金剛院、長松寺、光林寺は同時代に建立されたことになる。ただし、寺院の体裁を整えていたのは金剛院と長松寺だけで光林寺は草庵程度の粗末なものだ。この頃はまだ徳願寺の前身の普光院は建てられていない。

普光院の顛末《てんまつ》は徳川家康による政治的な扱いのにおいが漂う。民が暮らしていて必要だから創建された寺とは違うのかも知れない。

光林寺が本行徳中洲にあったのは市川市押切《おしきり》の地が埋立地だからだ。完成するまでは移れない。寛永二年（一六二五）に完成したとされる江戸川河口の付け替え工事が実施されていた。江戸川の流れを現在の浦安市方向へ変更する大工事だから、堤防工事、埋立工事、道路の敷設《ふせつ》など数年掛かりだったと思う。一〇年はかかったかも知れない。であれば慶長～元和《げんな》の時代は行徳の地に槌音《つちおと》高い建設の息吹《いぶき》が満ち満ちていたのだ。

## 伊勢宿の清岸寺は徳願寺二世行誉上人が建立

江戸川河口が締め切られて伊勢宿村《いせじゅくむら》と押切村が誕生した。伊勢宿村に浄土宗松柏山清岸寺《しょうはくざんせいがんじ》がある。慶長一九年（一六一四）建立、開基《かいき》徳願寺二世行誉上人。行誉上人は本尊にしている阿弥陀如来像を徳川幕府から賜ることに成功した和尚だ。その人が埋立地に浄土宗寺院を開創《かいそう》した。意味深いと思う。

隣村の押切村はここも埋立地に誕生した村だが、対岸の地にあった光林寺が移ってくる。この寺も浄土宗だ。

市川市押切の隣地は市川市湊だが、ここに浄土宗仏法山法伝寺《ぶっぽうざんほうでんじ》がある。天正二年（一五七四）建立。であれば、伊勢宿の清岸寺、押切の光林寺、湊の法伝寺という浄土宗寺院の帯ができたことになる。

なお、埋立工事が竣工した寛永二年（一六二五）に浄土宗法伝寺と真言宗円明院《えんみょういん》の隣地に浄土宗青《せい》陽山善照寺《ようざんぜんしょうじ》ができる。善照寺の隣の寺は市川市香取《かんどり》の浄土宗源心寺《げんしんじ》だ。

このように整理すると時代の流れというものが透《す》けて見えてくる。徳川家康が帰依した浄土宗寺院の力というものだ。

**【浄土宗寺院の連なり】**

| | | |
|---|---|---|
| 本行徳村（四丁目） | | 浄土宗 教善寺 |
| 関ヶ島村 | | 真言宗 宝性寺 |
| | | 真言宗 徳蔵寺 |
| 伊勢宿村 | ◎ | 浄土宗 清岸寺 |
| 押切村 | ◎ | 浄土宗 光林寺 |
| 湊村 | | 浄土宗 法伝寺 |
| | | 真言宗 圓明院 |
| | ◎ | 浄土宗 善照寺 |
| 欠真間村 | | 浄土宗 源心寺 |
| | | 浄土真宗 了善寺 |
| 新井村 | | 真言宗 延命院 |
| | | 曹洞宗 新井寺 |

◎は江戸川変流工事後に建立、または移転してきた寺

## 中洲氏の嫡流の田所氏

本行徳中洲にあった光林寺の開祖は田所《たどころ》氏《し》の祖である。田所氏は中洲氏の嫡流とされる。その中洲氏の墓碑《ぼひ》が押切の光林寺にある（以下、『葛飾風土史　川と村と人』による）。

石塔《せきとう》の上の碑面《ひめん》右から「忠岳院仰《ちゅうがくいんぎょう》誉《よ》徳源信《とくげんしん》儀《ぎ》大禅定門《だいぜんじょうもん》・天正十五丁亥《ひのとい》四月八日」「貞鏡《じょうきょう》院徳誉妙功《しょうこう》智《ち》達大禅定尼《たつだいぜんじょうに》・文禄三甲午《きのえうま》七月十日」とあり、右の側面に「中洲左衛門信儀夫妻之墓《なかすさえもんのぶのりふさいのはか》」とあっ

て、左の側面に田所源左衛門祖也《げんざえもんそなり》とある。

郷土史家の故遠藤正道《えんどうしょうどう》氏は、中洲氏の嫡流を名乗る田所氏が先祖の菩提供養のために建立したものとする。行徳の郷土史に登場する中洲氏関係の記述は遠藤氏の指摘のみである。

果して中洲村なる村は存在したのだろうか。少なくとも、中洲氏を名乗る一族が本行徳中洲の地にあり拠点としていたと考えられる。そこには伊勢神宮を勧請した神明社の小祠があり、金海法印が建立した金剛院があった。更に長松寺があり光林寺の草庵があった。この草庵は中洲氏の関係者の開創だろう。付け加えると江戸川区には昔の上今井村《かみいまいむら》に浄土宗浄興寺《じょうこうじ》があり、光林寺は浄興寺末だ。中洲氏の風化したかも知れない記憶は浄興寺にあるのかも知れない。

## 塩は神社の神事に欠かせないもの

本行徳中洲は行徳の本地である。新地は塩焼を稼業とする海辺の地だった。塩焼をする理由は人々の生存に欠かせない塩を生産するためだ。塩がなければ人は生きて行かれない。と同時に、人と共に存在する神社の日別朝夕《ひごとあさゆう》の神事に塩は欠かせない。毎日必要とする。行徳塩浜は葛西御厨篠崎郷の本行徳中洲にあった神明社のための御塩浜《みしおはま》であり、江戸川は身を浄めるための御手洗川《みたらしがわ》だった。

いつの時代からか何百年も塩を焼き、生活し、子を産み育て、生きてきた人たちの中に、中洲氏はいた。行徳の本地に拠点を構えた中洲氏は徳川家康の時代になった時に満を持して行徳の地に移住した。

中洲氏はあだ名だったのか、そうではなかったのか、ともかく中洲氏を名乗る家は行徳に今はないと同時に、中洲村の痕跡《こんせき》もない。

## 中洲村は幻の村

本行徳中洲の地は徳川家康が江戸川の流れを変えるまでは、本地としての体面《たいめん》を保っていたはずである。その体面までもがすべて取り上げられて寂《さび》れた地域に落ちぶれたのは、寛永一二年（一六三五）に神明社が本行徳（一丁目）の現在地に遷座された時である。

長松寺、光林寺、普光院（後の徳願寺）などの寺が競って新地に移ってしまい、とうとう神明社までもが移ってしまった。寺が移ったということは檀家も大挙して移住したと言える。

本行徳中洲の地には金剛院だけが残された。金剛院は格式ある寺である。「行徳」の聞え高い金海法印が建立したものであり、神明社の別当を務めていたと考えて良い。ところが神明社が遷《うつ》った本行徳には神明社の別当寺がすでに定められていた。真言宗神明山自性院である。

金剛院は本行徳中洲の檀家のために残ったが、享保年間にその地を退転した。このことにより村の体《てい》をなしていたすべてのものが消えた。

中洲村は幻《まぼろし》の村である。史料が見つからないからなかった村かも知れない。だが、実際に存在したのかも知れない。歴史の彼方《かなた》に忘れさられた幻の村である。

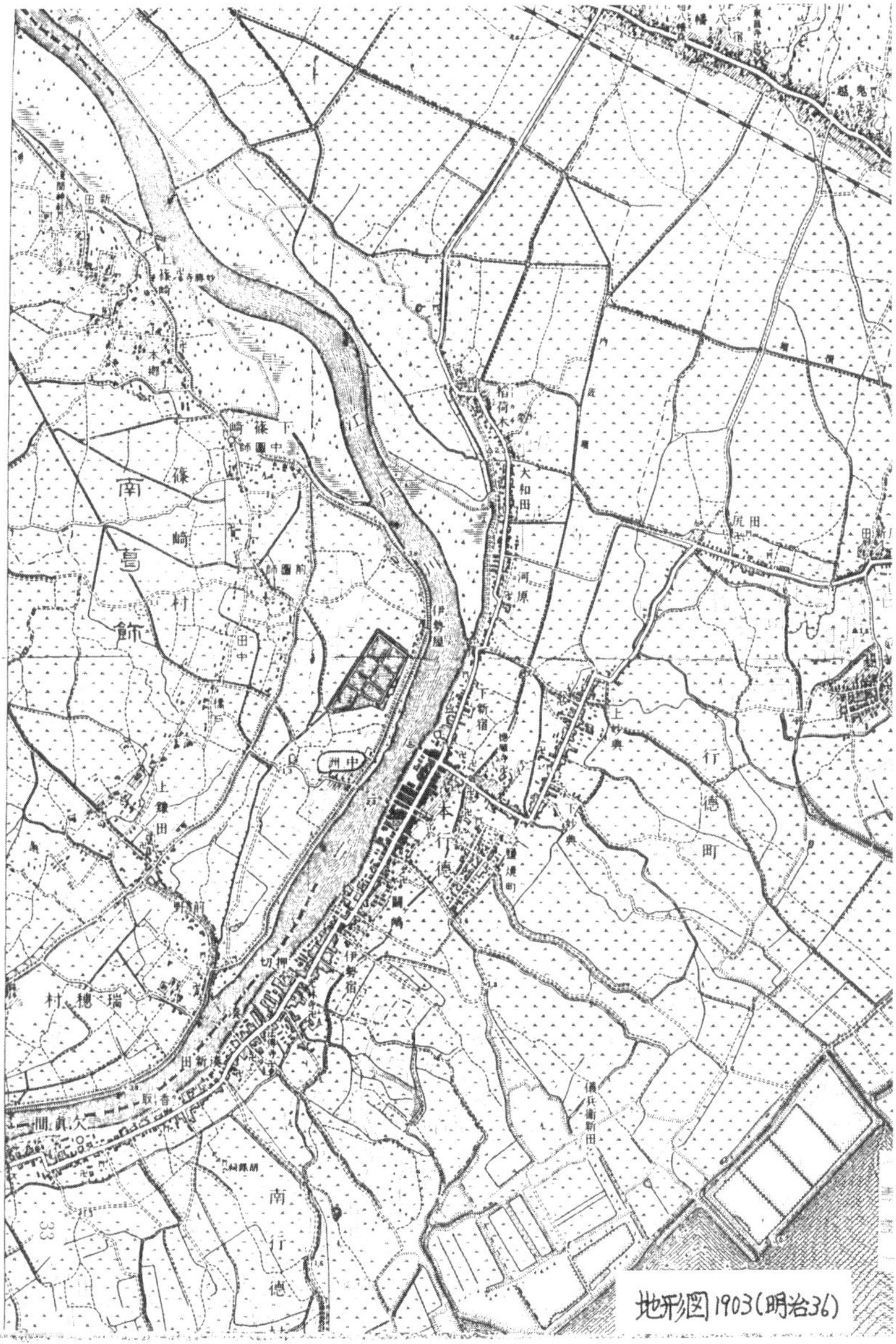

地形図1903(明治36)

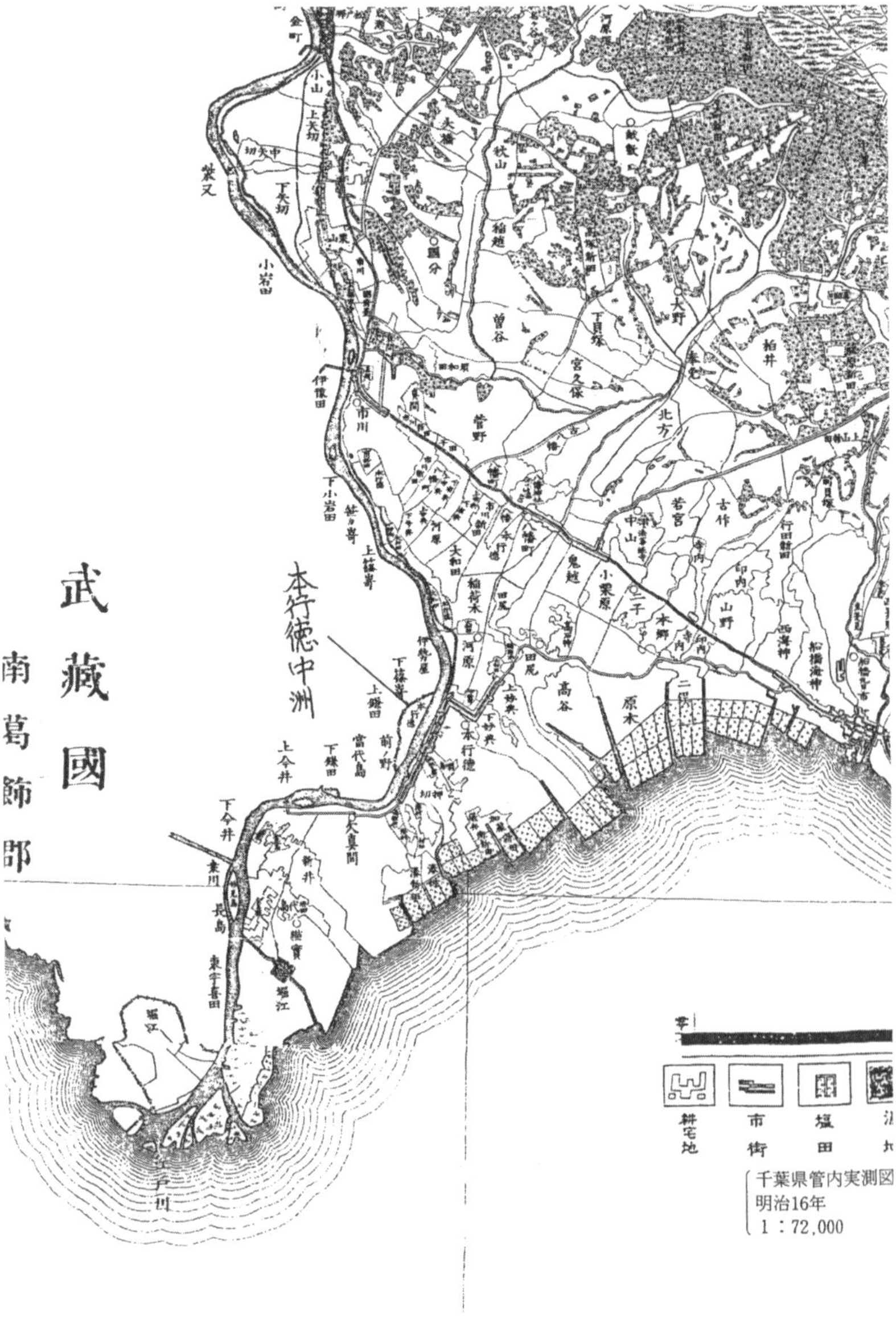
武藏國
南葛飾郡
本行徳中洲
紫又
小岩田
伊勢田
市川
下小岩田
笹ヶ崎
上篠崎
下篠崎
伊勢屋
上鎌田
下鎌田
当代島
前野
上今井
下今井
大裏間
新井
猫實
堀江
長島
東宇喜田
堀江
桑川
戸田
國分
曽谷
大野
柏井
宮久保
北方
菅野
八幡町
中山
若宮
古作
二子
小栗原
本郷
山野
鬼越
稲荷木
大和田
河原
田尻
高谷
原木
二俣
本行徳
上妙典
下妙典
上大切
下矢切
中矢切
小山
秋山
稲越
印内
寺内
西海神
船橋海神
行田新田
耕宅地
市街
塩田
千葉県管内実測図
明治16年
1：72,000

## 神明宮　附伊勢大神宮のこと

本行徳村の鎮守也《なり》、本行徳宿四町有《しゅくよんちょうあり》、此宮《このみや》は壱《いっ》丁目に在《あ》り、此御神体《ごしんたい》は、勢州内宮《せいしゅうないくう》の御《おん》前《まえ》の土砂《どしゃ》也とぞ、修覆遷宮《しゅうふくせんぐう》の時は、別当所《べっとうしょ》の役人、格式を以《もっ》て是《これ》を遷《うつ》し奉《たてまつ》る也、別当は神《しん》明山自性院《めいざんじしょういん》、真言宗葛西小岩村善養寺《かさいこいわむらぜんようじ》の末《まつ》也、神明宮にも、むかしは津久《つく》と云事有《いうことあり》しと也、津久の事、前《さき》の八幡《やわた》の所に出す今は祭礼となり、毎年九月十六日、屋台《やだい》を出す也、屋台六基《き》出る、中古は練り子の祭り有しを、凶年にひかれて、今は出し屋台計《ばか》り也、四町の外《ほか》、塩焼村《しおやきむら》と新宿村《しんしゅくむら》と云を入《いれ》て、祭り六番の所也、四丁目は新河岸《しんがし》とて、江戸小網町《えどこあみちょう》　行徳河岸《ぎょうとくがし》よりの旅人の船宿河岸也、旅籠屋有《はたごやあり》、上総《かずさ》、下総《しもうさ》、安房《あわ》、常陸《ひたち》、ともに往還也、日本橋より三里あり、依《よっ》て右の如《ごと》く勧請《かんじょう》し奉る故《ゆえ》、勢州と御同然《ごどうぜん》也、（後略）　（『葛飾記』）

【注】

（1）四　藤氏長者宣写
香取大禰宜神主両職・常陸下総両国海夫幷戸崎・大堺・行徳等関務、可令知行者、長者宣如此

悉之以状

応安五年十一月九日　在中弁在御判

香取長房館

（『市川市史』第五巻　史料（古代・中世）「香取文書」）

（2）『葛飾誌略』『江戸名所図会』

（3）『葛飾記』に記載があるが、『「葛飾記」の世界』に全文収録してある。

（4）『明解　行徳の歴史大事典』

（5）『葛飾誌略』所収「権現堂」の項

（6）『葛飾誌略』所収「一、阿弥陀如来」の項と『江戸名所図会』所収「海巌山徳願寺」の項

（7）『葛飾風土史　川と村と人』

# 人間堤防

## 巨大災害のない安穏な時代は幸せ

人間とはどれほど素晴らしい生きものなのだろうかと思う。本項のテーマの人間堤防(1)とは筆者のネーミングであり、その他の文献にこの名称は見当たらない。

行徳《ぎょうとく》（浦安を含む地域の総称）は災害とたたかってきた郷《さと》である。現代のように海岸堤防と江戸川堤防がコンクリート護岸によって強化され、洪水や津波、高潮の被害を免れるようになってからすでに七〇年が過ぎた。

このことは人々の努力の成果であるとともに、もう一点指摘しなくてはならないことがある。行徳地域は昭和二四年（一九四九）八月三一日のキティ台風(2)を最後に巨大な災害が奇跡的にない安穏《あんのん》な時期が続いていることである。江戸時代、明治、大正、昭和二〇年代までを通じての自然災害の頻発《ひんぱつ》と比較しても稀《まれ》にみる静かな時代に私たちは生活している。これを幸せと表現して余りある。

災害は忘れた頃にやってくる、先人のこの言葉は単なる格言《かくげん》ではない。

## 浦安の男は一五歳になると必ず若い衆に加わった

明治二八年（一八九五）七月、『浦安町誌《うらやすちょうし》 上』に日にちは記録されていないが、『千葉県東葛飾《ひがしかつしか》郡誌《ぐんし》』によれば八月九日江戸川大洪水、利根（利根川のこと）一七尺《しゃく》とある。だからこの前後のことではと推測できるのだが、『浦安町誌 上』のいう七月のこの日、江戸川の水量が高くなり、このことを浦安では「出水《でみず》」というのだが、江戸川が出水《しゅっすい》したことは緊急事態と言える。全町が水没する恐れがあった。

この時の事実は浦安の古老たちが若い衆に語り継いできた。

「若い衆」とは一五歳から二五歳までの成年男子が入る集団のことで、昭和二〇年代（一九四五〜一九五四）まで存在していた。旧村単位で堀江《ほりえ》、猫実《ねこざね》、当代島《とうだいじま》それぞれに三〜八組あり、「は組」「わ組」などと呼び名があった。

若い衆たちには「若い衆宿」という宿があり、堀江の「わ組」では二〇人ほどが寄り合いできたという。

若い衆は親睦団体だったが、若い衆になると大人として一人前の扱い（これをいっちょまえという）をされるようになり、漁業の分け前も大人と同じになる。

浦安の男は一五歳になると必ず若い衆にならなければならなかった。一五歳になると仲間に入れて欲しいと若い衆宿へ挨拶に出向く。たいがいは一升瓶《いっしょうびん》を二本くらい下げて行く。そして口上《こうじょう》を述べる。勿論、口上のやり方は先輩に教わっておく。加入してから二年間ほどは使いっぱしり（行徳ではこれをパシリという）で見習いとして雑用係をした。

二四～二五歳の年長者はヤドロクと言うのだが、ヤドロクの言うことには絶対に逆らうことは許されなかった。上下関係は厳しかったが今の時代のようなイジメなどはなかったという。

若い衆の運営費用は頭割りをして月掛で貯金をしたり理解者の寄付などで賄《まかな》った。村の夜警、祭礼、消防、堤防決壊の防止作業などに加わっていた。

若い衆がもっとも活躍するのは水害の時だった。水害、火災などの災害に対しては浦安では警防団組織があり、若い衆は警防団の下部組織と言われるほどの活躍をした。(3)

## 人間堤防を作って堤防の決壊を防いだ

明治二八年（一八九五）七月の江戸川の出水の時の模様を浦安の言葉で再現してみよう。古老の昔語りである。

おらんちゃん（私の父の意）はよ、と辰三《たつぞう》は言った。あんときは（半鐘《はんしょう》が）すりばんだったたっけよ、ちゃんがけえってきて、タツ、いしもこ（おまえも来なさいの意）って言ったんだ。ちゃんの後追っかけて堀江の孫新田《まごしんでん》へ行くと圦《いり》が抜けちゃっててよ、大川（江戸川）の泥水がきてたんだ。俵《たわら》とってこ、ってちゃんが言うから宇田川の家へ行って大八《だいはち》に積んでひっぱってった。あそこは百姓《ひゃくしょう》だからよ、俵いっぺえあんだよ。若え衆がいっぺえ来ててよ、ちゃんはコガシラ（小頭）だったからツカイヤッコ（若い衆になって四年までの人）の奴《やつ》らに指図《さしず》してよ、俵ん中へスコップで泥入れて入樋《いりひ》の抜け後へ放り込んでんだよ。台風が通った後でよ、利根の上の方でいっぺえ降ったみてえだって話だった。吹きっけえしの風がビュービューすごかった。雲すっとんでてよ。

昼頃だったっけよ、やっと一息ついて握り飯食ってたら、アゲシヨ（上げ潮）でズベー（満潮）んなっちまってよ、土手の低いとっから泥水のっこして（乗り越して）きちまってよお、めし食ってらんなくってすっとんでったんだ。したら（そうしたらの意）ちゃんがよ、おっかねえ顔しててよ、座れ座れって怒鳴《どな》ってんだ。おんだらあ（おれたちの意）若けえもんは何のことだかわけ分かんなくってよ、ウロウロしてんとよ、田中のじいさんが、こうやんだ、見てろ、こうやんだ、って言ってアグラかいてよ、となりの人と腕組んでよ、身体《からだ》と膝《ひざ》ぴったりくっつけてよ、こうすんだど、動くんじゃねえだどって、てめえら死なしゃあしねえど、おんだらの若けえときもこうやって水止めただど、辛抱《しんぼう》すんだ、って言ったんだ。

何百人もの人が人間堤防（筆者の命名）作ったんだ。

おっかあ（母親とか女房とかの意）たちがよ、田ん中から稲引っこ抜いてきて体の隙間《すきま》んとこへギュウギュウおっぺしこんで（押し込んで）水止めてよ、ちゃんらが土俵《どひょう》作っておんだらの前に積み上げたんだよ。目んめえ（前）はゴミと水が渦巻《うずま》いてんし、背中《せなか》んとこは俵がズンズン積んでくんし、へそんとこまで水くんしよ、しゃっけえ（冷たい）水だったけなあ。あんときは危なかったっけねえ、もうちっとで総越し《そうご》（土手が全面に渡って水が越して決壊すること）んなってよ、稲が全滅《ぜんめつ》すんとこだったけねえ。べか（海苔採り《のりと》専用の小船）だって流されんとこだったけねえ。

辰三は話しながらすすぼけた天井《てんじょう》を見上げた。昔の出来事が辰三の体中の血を騒がせた。それは腕を組み膝と肩と太ももを接した人々の熱い息づかいと心臓の鼓動《こどう》であった。辰三たちの背後にはスコップで土を掘り、俵に詰め、担いで運び、土手に積み上げる数百人の村人たちがいた。(4)

## 浦安住民の結束は固い

この時のことを『浦安町誌 上』には次のように簡潔に記されている。

「明治二八年（一八九五）七月江戸川が出水し、堀江の孫新田、中瀬《なかせ》の圦樋が抜け出し、川水が中瀬付近の堤防を総越しにし、堤防がいまや決壊しようとした。このとき馳《は》せ集った人々は圦樋の抜け跡に土俵を投げ込み、数百人が堤防上に、膝と膝を接してあぐらを組み、腕と腕とを組み合わせ、甲と乙との間に田圃《たんぼ》から稲株を引き抜いて押し込み、川水の侵入を防いでいる間に、他の者が急いで土俵を作り、あぐらをかいて座っている前に運び、辛うじて堤防の決壊をまぬがれたという」

このような歴史を持つ浦安の住民の結束は固い。

## 浦安と行徳の人的交流は古くから盛ん

浦安の災害史で最も悲惨なものは大正六年（一九一七）一〇月一日未明の台風による大津波《おおつなみ》の被害だった。これは津波のように襲った高潮《たかしお》であり、大正時代の文献(5)では海嘯《かいしょう》とある。行徳・浦安では大正六年の大津波と呼ぶ。

船橋、行徳、南行徳、東京都江戸川区・江東区の中で最も悲惨な被害激甚《げきじん》地域は浦安の堀江だった。旧浦安町役場前から堀江を東方向へ進むと大津波から五日経過していたにもかかわらず、潮水はいまだ九センチほどの深さに道路を冠水し、海岸間近の堀江東では、建物七十余棟《むね》が流され、海苔製造場の建物二百余ケ所すべてが跡形もなく流出していた(6)。なお地元では堀江東をヒガシと呼ぶ。旧役場付近は堀江西なのでニシと呼ぶ。浦安ではニシとヒガシですべての区別がつく。

筆者の祖父は浦安町堀江のヒガシの出であり、被害激甚地だった。未曽有《みぞう》の災害を生き延びて南行徳町新井の鈴木家の婿養子《むこようし》になり、鈴木家中興の祖と筆者が言うような働きを見せる。

浦安と行徳との人的交流は古くから盛んだ。浦安から嫁に来たとか婿に来たとかの話はいくらでもある。

## お坊さんが方丈の屋根上に脱出した

大正六年の大津波での行徳での被害激甚地は本行徳塩焼町《ほんぎょうとくしおやきまち》だった。(7) 江戸時代は行徳新田と呼ばれ、地元と周辺地域ではシンデンと言った。現在は本塩《ほんしお》（本行徳塩焼町の本と塩から命名）と名を変えたが地元では依然としてシンデンであり、このことに不案内な者はよそから来た人と陰口されることもある。

一〇月一日当日の朝、県道（行徳街道）も田んぼも激流が渦巻き、本行徳から新田へはとても行けなかった。風はとても強く、飛ぶ物が多数あり、漂流物がたくさんあり危険この上もなかった。しかも、ここに、流されてしまって一艘の船すらなかった。本行徳での浸水は床上九センチだった。

午前九時頃になって小船が来たので乗り、新田へ行ったが、家は屋根がなく、骨だけの家ばかりだった。樹木は折れ飛び倒れ、法善寺《ほうぜんじ》裏などはとても通行などできなかった。

この日、当時の法善寺の住職さんは病気中だったが、またたくまに増水する水の勢いがすごく、方《ほう》丈《じょう》の屋根を突き抜いて屋根上に脱出して一命を取りとめた。(8)

## 天井板の電線をつかんで助かった

南行徳地域ではこの大津波の前に電気が配線されていた。当時の屋内の配線は天井板に電線を取り付けただけだった。だから畳に座って見上げると天井板に電線が伸びていた。これは昭和二〇年代（一九四五～一九五四）の我が家でもそうだった。昔はみんなそんな配線だった。じつはこのことが住民にとって幸いした。

津波と知ったその直後からぐんぐんと水位は高くなり、玄関の引き戸は開かなくなってしまった。仏壇の中にまで水が上がってきた。やむなく子どもを抱え上げ押し入れに上げた。水はどんどん高くなっていく。家の中で溺れてしまう。幸いに天井に電線が伸びていた。大人たちはそれにつかまっていた。次に押し入れの子どもたちを神棚《かみだな》の上に乗せた。今と違って昔の家の神棚はほとんどが長さが六尺あった。押し入れの襖《ふすま》の二枚分の幅だ。神棚というほどだから木製の厚みのある一枚板が使われている。その上に神様を祀《まつ》ってある。そこへ子どもと自分が乗った。そして天井板を剝《は》がして天井裏へ上り、今度は屋根を突き抜いて屋根へ出た。(9) 本行徳地域よりもやや地盤が低かった南行徳地域では水かさがどうしても高かった。家は流されなかったが平屋の家ではみんなこうだった。

## 住宅の建て替え時に必ず三尺ほどの土盛りをする

筆者の家は昔は平屋《ひらや》だったが、仏壇のここまで水が来た、と明治生まれの祖母がよく話してくれた。郷土史に関係するようになって昔語りなどを読むようになり、ああ、そうだったのか、と思いを深くした。

だからということではないのだろうが、建築会社の施工《せこう》する建売住宅は別として、地元の旧家（ずっと昔からの住人の意）では建て替えをする時は必ず三尺（九〇センチ）ほどの土盛《ども》りをする。そして基礎はそこから更に二尺（六〇センチ）ほど高く作る。

筆者の母が家を建て替えると言った。今から五〇年も昔のことだ。そこで任された筆者はまず土盛りを一メートルした。建物の基礎は鉄筋コンクリート製で高さ六〇センチと高くした。その上に二階建ての戸建住宅を建築した。バス道路から見てさえも見上げるような高さだった。

なぜだろうか。それは水害の記憶が遺伝子として受け継がれているからである。行徳地域がゼロメートル地帯と承知しているためだ。むろん、ゼロメートル地帯である原因は江戸時代を通じての大規模な干拓《かんたく》にそもそもの原因があることは間違いがない。神君《しんくん》（徳川家康《とくがわいえやす》）お声掛かりの塩田開発のために遠浅《とおあさ》の海を干拓したからである。

## 同じ状態が永遠に続くわけがない

物事には明と暗があると常々思うが、ゼロメートル地帯というのは暗の部分だと思う。

笑い話ではあるが、よく、徳川家康はいい土地を選んでくれたよ、行徳はいいとこだよ、大雨はないし、風も吹かないし、地震だって大きいのはないし、津波もないし、と茶飲み話に言う。

これは本当のことだろうか。この話に「今の時代は」ということを付け加える必要がある。冒頭に書いたが、今の時代の平穏は稀有《けう》のことである。平穏は必ず終わる。同じ状態が永遠に続くわけがないからだ。

浦安の堀江村は保元《ほうげん》二年（一一五七）頃にはすでに成立し、当時は塩を焼き、魚介類をとるかたわら農業を営み生業《なりわい》としていたが、津波の被害を受けることが多く、そのためしばしば村人は離散した。足利氏《あしかがし》の末世《まっせ》、弘治《こうじ》年間（一五五五〜一五五七）にも津浪のため漂没《ひょうぼつ》し、村人は江戸に移り住み、そこを堀江と称し（現中央区堀江町、『浦安町誌』より、以下同じ）、魚猟《ぎょりょう》に使う網干場《あみほしば》を小網町《こあみちょう》と命名したという。ただし、『中央区史 上巻』には、堀江町の町名の出自《しゅつじ》の記載はなく、小網町は徳川家康入府《にゅうふ》の後、小網稲荷《こあみいなり》の名をとって町名とす、それ以前は入江ケ岡《いりえがおか》と称せり、とある。『浦安町誌 上』によれば、家康が来る三〇年ほど前に浦安の漁民が移住しているのだがその記録はなかったのだろう。

## 自然と土砂が溜まり田地になった

江戸時代の堀江村は民家およそ三〇〇軒だが、昔は家数千軒あり繁昌したが大津波によって退転したとされる。

ただし、国中無双《くにじゅうむそう》の宝郷《ほうきょう》とも言われていた。古《いにしえ》から利根川（江戸川）の川尻《かわじり》であり、自然と土砂が溜まって、丘となり、田畑《でんぱた》となり、年々歳々《ねんねんさいさい》新田地を開いて耕地が増えたからである。(10)

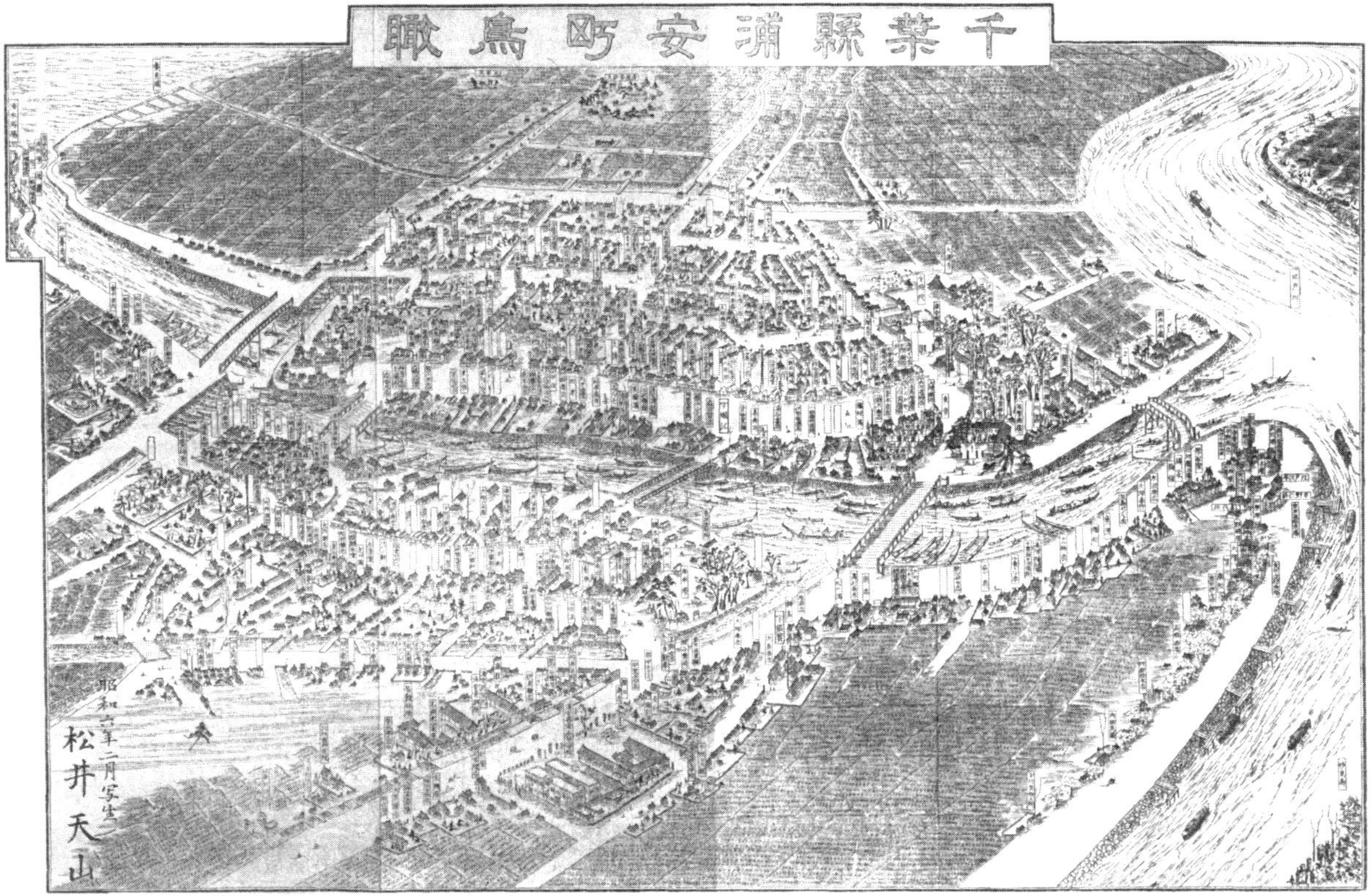
千葉縣浦安町鳥瞰
昭和六年二月写生
松井天山

この耕地を護るため堀江の人々は堤防を築いた。田畑にできない場所は茅《かや》を植えた。土地が高くなると農地にした。

江戸川は毎年のように洪水で氾濫し、台風による高波は押し寄せ、あるいは高潮となった。浦安の人々は耕地を護るための智恵として人間堤防を築いたのである。筆者の祖父も明治・大正の時代に人間堤防の一員として若い衆の役割を立派に果たしたのだろう。残念ながら筆者が小学校三年生の時に急逝《きゅうせい》した祖父の昔語りの記憶の中にはこのことは残っていない。

豆知識

## 浦安の住家《じゅうけ》 ――『浦安町誌 上』より

住家は家屋ばかりでなく、これに付属したことも含めて記すことにする。本町では古くから境川《さかいがわ》の水を飲料水として使用したり、その水で洗い物をしたりしていた。また漁師は境川に漁船を繋留《けいりゅう》するので、境川の周辺に住むことが生活に最も適しているところから、先住者たちは境川に沿って、その両側に住家を建てるようになった。

本町は江戸時代だけでも、元禄《げんろく》、延享《えんきょう》、寛政《かんせい》、安政《あんせい》年間など、四回にわたって大津波に遭い、その後も明治四四年（一九一一）や、大正六年の大津波に遭遇し、さらに明治一三年（一八八〇）と同一五年には大火《たいか》により、町の半数以上の住家を焼失してしまった。このように、度重なる災害に遭った住民は、住家に対する意欲を失い、その上、その日暮《ひぐ》らしの者が多かったので、家屋の規模は全般的に貧弱であった。

住家は一〇坪前後の家が多く、また棟割《むねわ》り長屋《ながや》が非常に多い。各地の漁師町に見受けられると同じように、家屋の宅地面積は非常に小さく、三、四〇坪程度の小敷地の家がほとんどで、宅地境の植え込み樹木なども少なく、隣接の家屋と軒《のき》をつきあわせている。

庭らしいものはほとんどなく、住家はおもに南北に細長くつくられていて、その規模は非常に小さい。旧家の構造を記すと、基礎は地表を二、三尺ぐらい掘り下げ、砂を入れてタコでつき固め、基礎石には玉石《たまいし》または房州石《ぼうしゅういし》を使ったが後年になって、大谷石《おおやいし》を用いるようになった。

家屋の材料は、比較的太物厚物《ふとものあつもの》を使ってあるが、平屋建《ひらやだて》で天井が低くめくら二階になっている部分がある。これは先に述べたように、本町が暴風雨や津波による被害が多いためで、総体《そうたい》を低くして風圧を少なくするのが目的で、めくら二階は津波のときに避難したり、家財道具を乗せるためである。

また洪水時に天井裏に避難するため、棟木《むねぎ》を支持する支木《ささえぎ》を最小限に省略して屋根裏空間を広くし、母屋《おもや》の土間《どま》から天井裏に上れるよう天井口が設けてある家が多い。天井は一般的には竿縁《さおぶち》天井を用いたが、なかには、よしず、たけず張りなどもある。屋根形は方形造りで、大部分の家は萱《かや》で葺《ふ》いてあったが、後年になって、瓦葺《かわらぶ》きにする家も出てきた。

大正になって、トタンが出回ってからは、トタン葺きの家が多くなった。壁は荒壁《あらかべ》のままであったが、後になって中塗り、上塗りをしたしん壁になった。間取《まど》りは、東に面したところに玄関があって、向かって右側に勝手と呼ぶ台所があって荒神様《こうじんさま》を祀《まつ》り、一切の煮炊《にた》きをここでする。

その奥に薄暗い若夫婦用の部屋をつくり、その左に茶の間がある。茶の間には仏壇を安置し、神棚には大神宮様《だいじんぐうさま》が祀ってある。茶の間は家族の食事の場でもあり、団欒《だんらん》の場でもある。茶の間の左側は座敷になっているが、ここを奥と呼び、床の間があって客間として使用する。湯殿《ゆどの》のある家はほとんどなく、大部分の者は銭湯に行く。以上が一般的な建て方である。

（中略）

たいがいの家では、土間にへっついが築いてあって薪《たきぎ》を使った。昔は藁や葭《よし》などを燃やしていたが、そのために大火になることが多かったので、一時藁や葭を燃料として使うことを禁止したこともある。家族の少ない家や土間の狭い家では、移動のできる鉄製のかまどを使った。へっついは粘土《ねんど》や煉瓦《れんが》でできていて、かまやなべをかけられるようになっている。湯を沸かすところのあるものもあったが、一般にはかまどだけのところが多い。

粘土製の七輪《しちりん》ができてからは、燃料費が安く、移動ができて便利なのでどこの家庭でもこれを使うようになった。

（後略）

※筆者の建て替え前の住家（昭和一三年〈一九三八〉頃の建築）の作りは浦安の住家によく似ていた。土間があり、土間の天井は天井板がなく太い梁と屋根裏まで見通せた。かまどは連続する別棟《べつむね》にあり、へっついは二基あった。燃料は藁である。農家だから一年分の燃料用の藁は備蓄してあった。茶の間には仏壇があり、その脇の天井近くに六尺の長さの神棚が祀ってあった。神棚のお神酒《みき》の手入れは幼い頃の筆者の役割だった。長男だったからである。浦安と違うところは、広い庭があり農作業と畑に使用した。敷地内に風呂場と井戸があり、納屋《なや》があった。第二次世界大戦中にその納屋に地下壕《ちかごう》を掘り防空壕にした。防空壕内から頭上を低空飛行するB―29爆撃機の巨大な姿を目撃したことはいまでも忘れることができない。

【注】

（1）人間堤防。今まさに洪水が土でできた堤防を乗り越えて住宅や耕地に流れ込もうとする時に、堤防上に男たちが座り込み、腕を組み、体をぴったりと寄せ合い、濁流の流入を防いだ姿を形容した。

（2）行徳・浦安地域の災害は昭和二四年（一九四九）八月三一日のキティ台風による高潮（行徳で

は津波と言う）が最後である。浦安・南行徳・行徳・船橋に至る延長一五キロの海岸堤防及び旧江戸川左岸（行徳側）堤防八・四キロが決壊、行徳町・南行徳町では、全町の八割が冠水し、流失家屋二、全半壊一五、床上浸水六〇、床下浸水二七二。被害甚大。瞬間最大風速三一・〇メートル（『明解　行徳の歴史大事典』）。行徳街道沿いの筆者の家は浸水を免れたが、すぐ隣の家まで床下浸水で田んぼの見回りに船を出した有り様だった。筆者八歳の時の体験。

（3）『浦安町誌 上』
（4）『おばばと一郎3』所収「第二話　人間堤防」
（5）『大正六年暴風海嘯惨害誌《ぼうふうかいしょうさんがいし》』（『行徳歴史街道5』に収録）
『千葉県東葛飾郡誌（復刻版）』
（6）『災害と闘ってきたまち　―浦安市災害史調査報告書』
（7）『大正六年暴風海嘯惨害誌』（『行徳歴史街道5』に収録）
（8）『大正六年暴風海嘯惨害誌』（『行徳歴史街道5』に収録）
（9）『南行徳のむかし話』
（10）『房総叢書』（第六巻）所収『葛飾誌略』

# 成田山常夜燈とお土産になった行徳塩

## 一〇万人もの参詣客が訪れた

成田山新勝寺《なりたさんしんしょうじ》への参詣《さんけい》には毎年一〇万人もの善男善女《ぜんなんぜんにょ》が訪れていた。この大部分の人たちは江戸からの物見遊山《ものみゆさん》の旅人だった。

成田村の宿屋の泊り客数は万延《まんえん》元年（一八六〇）三月二七日から同年閏《うるう》三月八日までの一二日間で一一四三人で一日平均九五人余だった。年間ではおよそ三万四七六六人と計算できる。しかしこの数字は宿帳に記載された資料での計算だけだ。(1)

現代でも似たようなことはあると思うが、宿では泊めた客数をごまかすということやっていたし、ひどい宿では一切宿帳に記載しないところもあったほどだ。これは宿屋の税金逃れの常套《じょうとう》手段でもあるが、それでは役人の目が届かない不審者が紛れ込む危険があった。

そこで幕府役人の関東取締出役《かんとうとりしまりでやく》から叱責《しっせき》されて、成田村の宿屋三六軒が請書《うけしょ》を提出させられたほどである。(2)

ところがそもそも他の村の宿に泊り成田村の宿に宿泊しない旅人も多数いたのだし、日帰り客もいた。前述の成田村の宿屋の記帳データは三月下旬の一二日間だけだが、一月の初詣《はつもうで》、春・秋の彼岸《ひがん》などは特別に人出が多かったので、年間では一〇万人を大きく上回ったと思える。『成田市史』では一〇万人は参詣しただろうと筆者から見ればごく控えめな数字を書いている。

## 新河岸を毎日五〇〇人以上は利用したか

では本行徳《ほんぎょうとく》の行徳船場《ぎょうとくふなば》（新河岸《しんがし》）で行徳船《ぎょうとくふね》を降りて成田山をめざした旅人はどのくらいいたのだろうか。このことを検証するための史料はないので推測するしかない。ただ成田村へ来た参詣客は一〇万人を上回っていたということは確かと思えるので、そのことから推測すると行徳船場でも一〇万人規模で利用者があったものと考えてよい。それは成田山へ行かない人でも行徳を通過したからである。行徳船場での一〇万人は一日平均二七三人であり、これは下船する人だけの数字だから、江戸へ向かう乗船者を加えると倍近い利用数になるのだ。毎日五〇〇人以上の旅人が行き来するのは大変な賑わいと言える。

## 今井の渡しと河原の渡し

以上の数に今井《いまい》の渡《わた》しを通過した旅人も加わる。ここは男だけしか渡さない一方通行の渡しなのだが、一日に少なくとも三〇人や五〇人は渡しただろう。でなければ商売が成り立たないと思えるからだ。(3)

河原《かわら》の渡しというものもあった。ここは江戸時代の元和《げんな》二年（一六一六）に渡船場《とせんば》の定《さだめ》がだされて旅人は誰であっても渡してはならないとされ、行徳船場の舟会所《ふなかいしょ》から人が派遣されて旅人の渡船がないように見張りがされていた。(4)

しかし江戸時代後期には建前だけで実質は禁制《きんせい》が破られていた。実際に近道であり使い勝手が良かった道だからだ。

江戸時代にあった街道の概要を現代の江戸川区の地図に乗せた図が『古文書にみる江戸時代の村とくらし②』に載せられている。江戸の平井《ひらい》の渡しを渡って行徳道《ぎょうとくみち》（浅草道ともいう）を直進すると東小松川村《ひがしこまつがわむら》、西一之江村《にしいちのえむら》、東一之江村《ひがしいちのえむら》を経て今井の渡しに達する。この道は今は東小松川まではバス通りになっている。途中、現在の西一之江一丁目バス停傍(ここは行政区画は四丁目なのだがバス停はなぜか一丁目とある）の通りで左折、円福寺《えんぷくじ》と城立寺《じょうりゅうじ》を過ぎ、谷河内村《やごうちむら》から下篠崎村《しもしのざきむら》に出て河原の渡しに達する。この道筋は途中、区画整理地や新開道路などができ、旧道を辿るのは困難だ。もう一つは逆井《さかさい》の渡しを渡り、元佐倉道《もとさくらみち》（旧千葉街道）を市川の渡しに達する道で、途中、現代の八《はち》

蔵橋《ぞうばし》と菅原橋《すがわらばし》のほぼ中間で右折、小路を松本《まつもと》、鹿骨《ししぼね》を経て下篠崎村に出て河原の渡しに達する。(5)

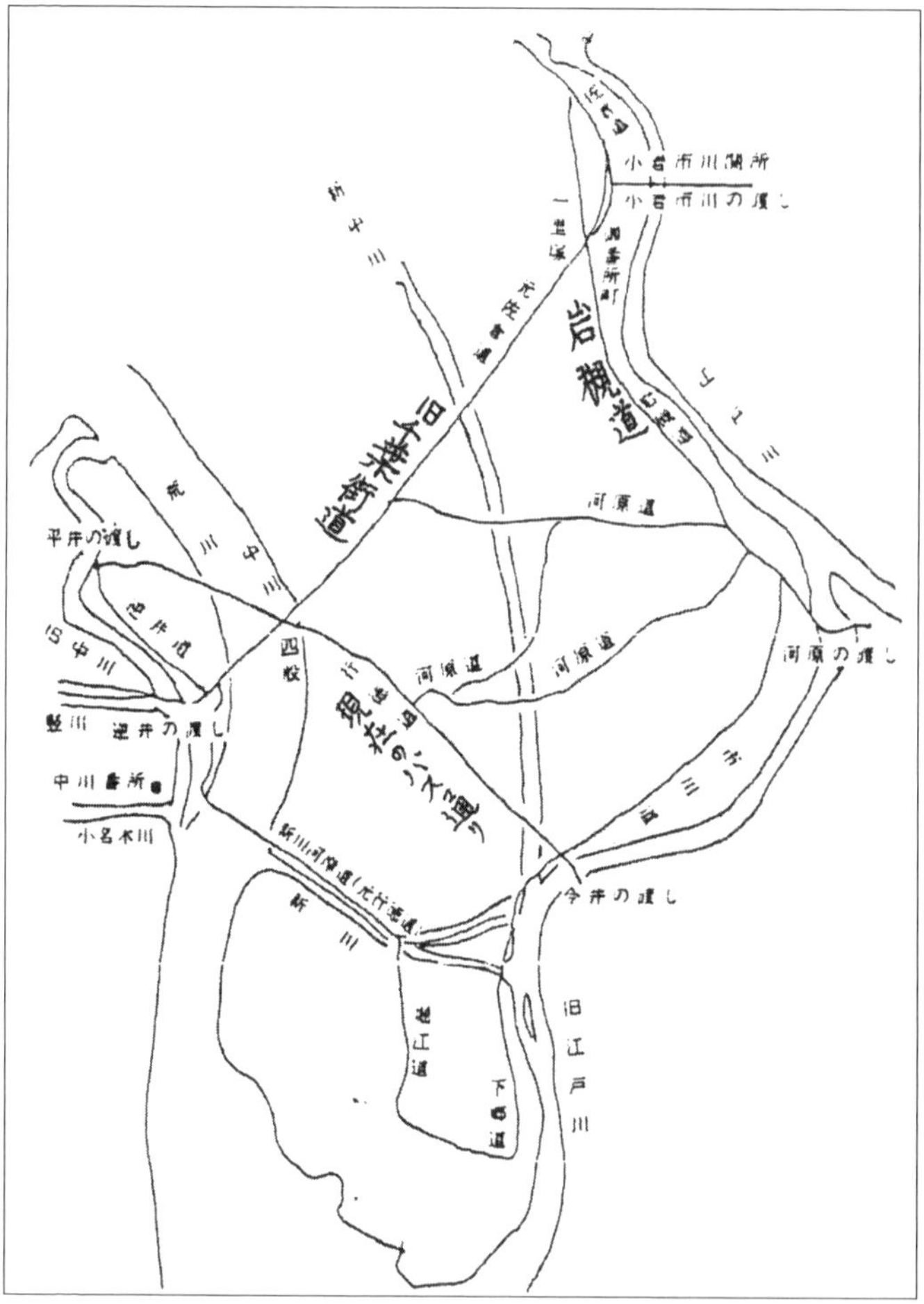


『古文書にみる江戸時代の村とくらし②街道と水運』
江戸川区教育委員会

地誌では、もっとはっきり書いていて、江戸より房総に至る陸路として、下平井の渡しより河原の渡しを渡って行徳に至るとし、この道は江戸へ帰るに宜《よろ》しいとしている。(6)これは書いても罰せられたという記録がないのだが、徳川幕府の目こぼしがここでもされているのだ。

このように河原道を辿り篠崎村に達し、河原の渡しで江戸川を渡河《とか》して行徳にくる旅人も多かった。ここから船橋へ向かうにも近道だった。この道は房州から江戸へ帰るにも近道でよかった。市川の渡しの抜け道である。

なお今井の渡しは女は渡さないのだが、(7)今井の渡しの上流に前野《まえの》の渡しがあり、ここで女性は渡った。前野の渡しは百姓渡しであり、武蔵国《むさしのくに》前野村から行徳領 湊村《みなとむら》への渡しである。ここでも禁制が破られて久しい。女性に厳しいのは今井の渡しだけである。

このような各渡しの利用者を加えれば行徳を通過する旅人は年間一〇万人の数字がどれほど控えめな数字であるか理解できよう。

## 行徳は江戸に比べていたって長閑だった

それほどに賑わったとしても行徳は江戸に比べていつもいたって長閑《のどか》である。江戸川の水はきれいで、汲《く》み置きしても沈殿物《ちんでんぶつ》は全くないし、飯《めし》を炊《た》いてもいたむのが井戸の水で炊いたものと比べて半日も遅いほどだ。春にはサヨリを獲る漁師がいて、夏にはウナギを獲る。これは行徳の産業であり江戸前ウナギとして有名だった。一一月になると網とツキで子持ちカレイがたくさん獲れる。

塩浜では盛んに塩を焼いている。立ち上る煙は松を焚《た》く煙で、これをオマツ焚きと別称している。葦《あし》海水を引いている塩浜の細い水路にはトビハゼがたくさんいて、色が黒くて目が飛び出している。葦に二〇〜三〇センチもよじ登っているがまずいので行徳の人は誰も食べない。(8)

しかし江戸川は釣りの名所で、投網《とあみ》に使う網とか、釣り道具などを預かる旅宿があった。江戸から繁々と通う人があり大坂屋又八《おおさかやまたはち》という宿は弁当などを作って届けたりしていた。

また行徳の干潟《ひがた》では一升枡《いっしょうます》に山盛り一杯で一一個もの大ハマグリがたくさんとれた。現代の行徳の海ではハマグリなどとれないが江戸時代にはいくらでもとれた。

行徳での楽しみの一つは銭湯だった。本行徳村の一〜四丁目まで一軒ずつあった。江戸川の川縁《かわべり》にあり、湯水は潤沢で、江戸の銭湯よりも抜群にきれいですばらしかった。湯銭は五銭で男女混浴だった。

このように行徳に脚を留めて遊ぶ人ばかりではなかった。大部分の人は本行徳村を忙しく通過して行く。その旅人は馬に乗り、あるいは駕籠《かご》を使う。行徳船場に待機する駕籠かきは下手くそで有名だった。乗った人はしばらくすると頭痛がして歩いたほうがよほどましだった。(9)これは船橋の駕籠かきも同様で、はなはだ酒手《さかて》を貪《むさぼ》られるから船橋にては駕籠に乗るべからず、と注記する紀行文もあったほどだ。(10)

# 成田山までの道普請計画

旅人がたくさん毎日通行すれば道路が傷むのが当然。駕籠、馬、荷車なども多いのだから道路普請《どうろぶしん》となる。船橋中央図書館蔵の「従本行徳成田山迄《ほんぎょうとくよりなりたさんまで》道普請寄進帳《みちぶしんきしんちょう》」なる文書《もんじょ》がある。江戸時代のものだが年号が不明だ。

「この度下総国葛飾郡《たびしもうさのくにかつしかごおり》本行徳より成田山までおよそ道法《みちのり》拾弐里余《じゅうにりよ》の間《かん》通年別に道路踏み荒し往来の人々難渋《なんじゅう》なされ候につき村々打ち寄り道普請相□得仕《つかまつ》れ共《ども》、遠路《えんろ》の儀故何分自力《ぎゆえなにぶんじりき》に及ぶと雖《いえど》も……寄進相願《あいねがい》、当戊年正月《とういぬどししょうがつ》より絵図面の通り道普請相始《あいはじ》めたく存《ぞん》じ奉《たてまつ》り候、道普請の儀向う三ケ年と限り……願いあげ奉り候以上……」

世話人中とあり、下総国印旛郡大佐倉村《しもうさのくにいんばごおりおおさくらむら》願人名主を筆頭に八名の名があり、本行徳原木村《ばらきむら》名主の名もある。その他は江戸市ケ谷《いちがや》、麹町《こうじまち》などの世話人名がある。

絵図面では道幅内法《みちはばうちのり》九尺《しゃく》で道の両側は伊豆石《いずいし》七寸《すん》の石敷とし、中道は貝にてかためるとしている。であれば相当に頑丈な歩きやすい道ができたはずだが、これが完成したかどうかは詳《つまび》らかでない。十二里余に石敷一〇万三六八〇枚を要するとしていて巨額の費用がかかるだろう。貝を砕いて中道の土に混ぜるのだがこれもかなりの労力だろう。また一里ごとに成田道・八王子講中・世話人などの銘入りの石柱を立てて一里塚代わりとするとしている。

成田街道の道路修繕については、明治六年二月、印旛県令《けんれい》は新勝寺を呼び出して、成田村から行徳までの成田街道のうちの一部道路の修繕を申し付けた。通り幅は三間余《けんよ》、急坂は切り崩して平らにすること、左右に並木がある所は土留《どど》めをすることなどだった。ただしどの程度工事が成されたかは不明とされる。(11)

## 永代橋崩落で成田山講中が多数犠牲になった

文化《ぶんか》四年（一八〇七）八月一九日、江戸深川八幡宮祭礼の時、群集が詰めかけて溢れ、隅田川に架かる永代橋《えいたいばし》が崩落した。この時の死者二〇〇〇～三〇〇〇人余、身元が判明したのは四八〇人余という大惨事だった。

この日、滝沢馬琴《たきざわばきん》の妻が八幡宮の祭礼を見に行くというので、馬琴は永代橋は朽ちて危険だから絶対に渡らないようにと忠告したので、妻は両国橋を渡り命拾いをしている。(12)馬琴とは『南総里見八犬伝《なんそうさとみはっけんでん》』の著者である。

この惨事は神社の祭礼の時だったが、じつは成田山新勝寺の江戸出開帳《えどでかいちょう》が度々深川八幡宮境内で行われていた。そのため犠牲者の多くが成田山詣をする江戸の町民だった。

そのため、この時の遭難者の霊を弔うための供養塔を建立《こんりゅう》する際に、本行徳の徳願寺《とくがんじ》門前に設置した。行徳船などで本行徳を通過する成田詣の客は必ず徳願寺門前の寺町通りを通過するからである。

この永代橋水難横死者供養塔は徳願寺のほか、東京都墨田区の回向院《えこういん》、当時深川にあり後に目黒区

に移った海福寺《かいふくじ》に建てられた。

台座正面上に「日本橋」同下「講中」とあり成田山参詣の日本橋講中とわかる。裏面には願主として茶屋長兵衛以下二一名の名がある。(13)

永代橋の崩落事故の五年後の文化九年（一八一二）三月吉日付で本行徳新河岸に成田山常夜燈《じょうやとう》が建立された。笠石《かさいし》の直径およそ五尺（約一・五メートル）、火袋《ひぶくろ》二尺余（六〇センチほど）、高さ一丈《じょう》五尺（約四・五メートル）の大燈籠《おおとうろう》である。

正面には「成田山　永代常夜燈」とある。「永代」の文字が意味深《いみしん》である。二つの意味が考えられる。一つは文字通りの永代常夜燈のことであり、もう一つは永代橋の崩落事故の犠牲者を弔っての永代である。このことは筆者の考えすぎであろうか。

永代橋水難横死者供養塔と成田山永代常夜燈は

相次いで建立されたものだが、常夜燈には蔵屋敷（講中のこと）として一〇名、日本橋西川岸町《にしかわぎしまち》（講中のこと）として一一名の名がある。こちらも建立者の総数は二一名である。

永代橋の供養塔と常夜燈にきざまれた四二名のうち同名がふたりいて同一人物と思われる。須原屋八右衛門と嶋屋平七の二人である。[14]

## 土堤に代わって石垣堤を計画

永代橋の大惨事があった年、幕府勘定役《かんじょうやく》中川瀬平の差配《さはい》で、新井村《あらいむら》から二俣村《ふたまたむら》までの塩浜に囲堤《かこみつつみ》六八七四間《けん》（約一二・五キロ）を築く大工事が行われていた。[15]大惨事の一報は工事をしていた人たちの耳にも届いていただろう。

成田山永代常夜燈が新河岸に建てられた年、行徳塩浜囲堤海辺通りに石垣堤《いしがきつつみ》を普請《ふしん》する旨の決定がなされ、翌年、行徳領塩浜付村々一九ケ村に石垣ご普請が命じられて着工。ただし、代官の交代があって石垣堤は五五〇間（約一キロ）を築いたのみで計画は頓挫《とんざ》した。[16]ここは現在でも石垣場《いしがきば》の字名《あざめい》で残っている。行徳富士と呼ばれる残土の山の近くである。

## 行徳塩が土産物として紹介される

成田詣がとても盛んになったのはさほど昔のことではない。元禄《げんろく》一六年（一七〇三）四月二七日から六月二七日までの二ケ月間にわたり富岡八幡宮（深川）で成田山新勝寺の出開帳が行われてからである。それまでは由緒はあるが田舎の片隅のひなびた寺に過ぎなかった。

この時、江戸に向かった成田村の人々は村中総出だった。船橋で二手に分れ、一隊は本行徳新河岸から行徳船を仕立てて江戸日本橋小網町《こあみちょう》の行徳河岸に上陸した。成田へ帰る時も一隊は本行徳へ上陸して船橋へ向かった。以後、深川八幡宮での出開帳は一一回に上る(17)。

享保《きょうほう》二〇年（一七三五）一月に『続江戸砂子《しょくえどすなご》』という観光ガイドブックが刊行され、「近国《きんごく》の土産大概《みやげたいがい》」として「行徳塩。下総なり。この入海《いりうみ》を袖の浦という。海辺の村々塩浜多し。江戸より六、七里《り》ほど。もしほくむ袖の浦風さむければほさてもあまや衣《ころも》うつらん」と紹介された。

成田山新勝寺の最初の江戸出開帳がされてから三〇年経っている。有名な観光ガイドブックに、お土産になる、と紹介されたのである。現代の人は塩が土産になるなど思いもつかないだろう。当たり前のものであるからである。

## 塩は目減りするのが常識だった

しかし、江戸時代にあっては、行徳塩は「目減りしない塩」として有名だったのである。古来、塩というものは目減りするのが当たり前であり常識だった。だから目減りしない塩などは考えられなかったのだから土産になったのである。

差塩《さしじお》は塩分六〇～八〇％の塩で、俵詰《たわらづ》めした一〇日後に二〇％の目減りが公認されていた。一ヶ月も放置すれば俵の隅にわずかな残塊《ざんかい》のみになる代物《しろもの》で、(18) 瀬戸内《せとうち》の赤穂塩《あこうじお》に代表される。江戸の人々の日常塩はこの赤穂塩であり差塩だった。だからかなり目減りする。しかし値段が安かった。

真塩《ましお》は塩分八〇～八五％のもので、行徳の農民が江戸へ行商《ぎょうしょう》に持って行った塩がこの真塩である。この塩も少しは目減りする。

## 目減りがしない塩を作った行徳の農民

土産になると紹介された塩はこれらの塩ではない。囲塩《かこみしお》あるいは囲産《かこみさん》と言われた塩であり、この塩は塩分一〇〇％の塩である。明治になってそれは古積塩《ふるづみじお》(19)と呼ばれるようになる。

囲塩がいつの時代に「発明」されたのかは詳らかでない。ただ言えることは、徳川家康《とくがわいえやす》に命じられて江戸城へ毎日船で一石の塩を納めるようになってから、毎日納入することを確実にするために在庫の塩を備蓄しただろうことは確かである。絶対命令だからである。

では、塩を蔵などに備蓄した時にどのようなことが生ずるかというと、積み上げた塩の中から苦汁（ニガリ、塩胆汁《しおたんじゅう》とも）が水分と共に抜けるということである。明治時代の古積塩製法によればその期間はおよそ二ケ月である。

だから絶対に目減りのしない塩というものは誰かが「発明」したものではなく、「発見」したものなのであろう、というのが筆者の見解である。

江戸城へ冥加年貢《みょうがねんぐ》として毎日納入している塩が絶対に目減りすることのない最上質塩であることに誰かがいつの時代かに気づき、それを、高値で売りさばく方策を考えたに違いない。江戸城へ納入する在庫を切らすわけにはいかないから囲塩を少しずつ売ったのであろう。

それは希少価値のあるものだったから行徳船に乗って江戸へ帰る旅人たちの土産として買われていったに違いない。多分、成田詣の物見遊山の江戸の町民たちにとって、放置すれば氷のように消えてなくなってしまう塩のイメージが一新されるような絶対に目減りすることのない囲塩は、行徳土産として最適なものだっただろう。

## 成田山常夜燈

笠石渡《かさいしわたし》凡《およそ》五尺《しゃく》、火袋《ひぶくろ》二尺余《よ》、惣高一丈《そうたかいちじょう》五尺の大燈籠《おおとうろう》、川岸《かわぎし》に立つ。去《さん》る未年《ぬひつじのとし》日本橋講中建レ之《これをたてる》。

（『房総叢書』〈第六巻〉所収『葛飾誌略』）

正面　永代常夜燈　蔵屋敷　十名の名（別記）
右　日本橋　西河岸町　十一名の名（別記）
左　日本橋　刻字なし
裏　文化九　壬申年《みずのえさるのとし》三月吉日建之
蔵屋敷　□屋源助、□屋平七、三木屋清五郎、伊勢屋藤七、蛭子屋《ひるこや》源兵衛、栖原屋《すはらや》八右衛門、内海屋《うちうみや》吉兵衛、高嶋屋又七、和泉屋《いずみや》儀右エ門、魚屋繁蔵
西河岸町　太田嘉兵衛、大黒屋吉兵衛、會津屋《あいづや》徳兵衛、和泉屋清左エ門、八万屋《はちまんや》喜兵衛、大國屋《おおくにや》伊助、相模屋《さがみや》弥吉、山田屋佐兵衛、相模屋藤兵衛、八万屋清吉、八万屋松次郎

（『明解　行徳の歴史大事典』）

## 【注】

（1）『成田市史』中世・近世編
安政《あんせい》七年（万延《まんえん》元年〈一八六〇〉）「旅人姓名帳《たびびとせいめいちょう》」に二一軒の旅籠名《はたごめい》があるが、成田村の旅籠の全部だったと考えにくい。一七年前の天保《てんぽう》一四年（一八四三）の史料では三一軒の旅籠があった。二一軒以外の旅籠を記載した別帳があったのではないか、としている。

（2）宿帳は旅籠屋側の義務だったが、これをなおざりにしたとして、関東取締出役から叱責され、天保《てんぽう》五年（一八三四）二月、成田の旅籠屋三六名は請証文を提出した。それには、宿帳について近年旅籠屋のもの達は等閑《なおざり》にしており、なかには一切書き留めない旅籠屋もあるという。以前からの仕来《しきた》り通り、以来《このかた》は国郡村名まで入念に記入し、たとへ馴染《なじみ》の旅人であっても念を入れること。廻村先《かいそんさき》で折々宿帳を調査するので、宿役人達は油断なく注意し、万一宿帳を出さない旅籠屋があれば直ちに報告をすること。（『房総の道　成田街道』）
なお、成田では宿泊者の一括管理が行われていて、各旅籠屋の宿泊者を一冊の宿帳から知ることができる。

（3）今井《いまい》の渡し。此《この》渡しは欠真間村也《かけままむらなり》。然《しか》れ共《ども》、諸人《もろびと》今井の渡といふ。尤《もっと》も、以前今井にて渡せし也。此渡しより富士山見えて佳景《かけい》也。（『房総叢書』〈第六巻〉所収『葛飾誌略』）

（4）河原《かわら》の渡し。舟渡《ふねわた》し。百姓渡し也。昔は篠崎村《しのざきむら》にて舟《ふね》渡したり。近年、川原村《かわらむら》へ頼む。此渡し、旅人は禁制《きんせい》也。舟会所《ふなかいしょ》より人を付け、旅人の往来《おうらい》を禁ず。（『房総叢書』〈第六巻〉所収『葛飾誌略』。『「葛飾誌略」の世界』に収録）

（5）なお、円福寺《えんぷくじ》は江戸川区西一之江三―二八―一三、真言宗豊山派長慶山寿命院《しんごんしゅうぶざんはちょうけいざんじゅみょういん》。城立寺《じょうりゅうじ》

は江戸川区春江町《はるえちょう》二—三九—二八、日蓮宗本高山《にちれんしゅうほんこうざん》。（『江戸川区史』第一巻）

(6)『改訂房総叢書第四輯』所収『房総三州漫録』（『行徳の文学』に収録）

(7)『古文書にみる江戸時代の村とくらし②』に、「貞享《じょうきょう》二年（一六八五）六月二日付で、二之江《にのえ》村《むら》、下今井村《しもいまいむら》、桑川村名主《くわがわむらなぬし》が連名で代官に提出した書類が記載されていて、今井の渡しは男ばかり参《まい》り候《そうろう》、女手負《おんなてお》いの儀《ぎ》は一切越申《いっさいこしもう》さず候」としている。この時代以前のいつの頃かに今井側から欠真間側へ男のみは渡せるというように規制がゆるやかになった。

(8)『改訂房総叢書第四輯』所収『房総三州漫録』（『行徳の文学』に収録）

(9)『遊歴雑記初編』（『行徳の文学』に収録）

(10)『改訂房総叢書第四輯』所収『房総三州漫録』（『行徳の文学』に収録

(11)『佐倉市史』巻三　第八章交通運輸

(12)『日本随筆大成〈第二期〉5』所収「兎園小説余録」曲亭馬琴《きょくていばきん》著（『行徳の文学』に収録）

(13)『明解　行徳の歴史大事典』

(14)『明解　行徳の歴史大事典』

(15)『房総叢書』（第六巻）所収『葛飾誌略』（『「葛飾誌略」の世界』に収録）

(16)『下総行徳塩業史』

(17)『成田山新勝寺』

(18)『下総行徳塩業史』

(19)古積塩。方言で四ツ半《よっはん》という。囲塩。囲産。原料が行徳塩の場合は地古積《じこづみ》、十州塩《じっしゅうえん》の場合は直《なお》シ古積《しこづみ》という。苦汁分《にがりぶん》を除いた目減りをしない塩。行徳での発明。（『明解　行徳の歴史大事典』）

# 屋敷神と横町稲荷

## 病気平癒を願いお稲荷さんを祀る

屋敷内《うち》に神を祀《まつ》るということは必ずその始まりのいわれがある。無暗《むやみ》に祀る人はいない。神を祀るのだから願い事があるのだ。この屋敷内に祀る神のことを屋敷神《やしきがみ》という(1)。一般的には稲荷神《いなりしん》が多い。

願い事というのは人によってさまざまだ。筆者の家にも稲荷神が祀られていた。祀ったいきさつを知ったのは所帯《しょたい》を持つ前だった。昭和二〇年（一九四五）八月に終わった戦争から生還した父はほどなく病に臥《ふ》す。体格頑丈だった父の病名も定かでない。日々体力が衰える父を心配する母に、庭の中に見つけた白い蛇を殺したからだと、伺《うかが》いを立てた先達《せんだつ》が言ったという。それではと祖父母は願《がん》を立て屋敷内の一角に稲荷社《いなりしゃ》を営んだ。昭和二一年（一九四六）頃のことである。

しかし、病はいっこうに本復《ほんぷく》せず、母は東京のある先達のもとへ通う。ある時、多額の金銭を上げれば回復に向かう、との御託宣《ごたくせん》があったのだという。母は驚き祖父母と相談、その先達を見限った。

## 断ち物とお百度参り

願掛《がんか》けという行為には、断《た》ち物《もの》という方法とお百度参《ひゃくどまい》りとがある。断ち物は、神仏などに願をかけている間、ある飲食物をとらないことで、茶断ちや塩断ちが代表的なもの。タバコや酒を止める、賭け事をしないなどという人もいる。お百度参りは、頼み事をかなえてもらうために、同じ所へ幾度も通うことをいい、社寺の場合にはその境内の一定の距離を百回往復し、そのたびに本尊を拝することをいう。

現代ではこのような行為があるということすら忘れられていると思えるが、昭和二〇年代では当然のように行われていた。筆者の母は六歳と四歳の息子を育てながらお百度参りをした。だが、願いはかなわず父は死ぬ。前年には祖父が急逝《きゅうせい》していた。母と祖母の悲しみと落胆はいかほどだっただろうか。ここから筆者の家の苦難は始まる。

それから五十数年の歳月が流れた。その間にお百度参りをした母も逝《い》った。

## 家庭菜園に出没した黒い蛇

筆者の住いの庭には家庭菜園があり、ダイコン、ニンジン、ナス、トマト、キュウリ、インゲン、エンドウ、カボチャ、ゴボウ、ホウレンソウ、コマツナ、ネギ、ニラ、フキなど季節の作物を栽培した。低農薬栽培を心掛けた。これは零細《れいさい》農家で兼業農家だった先祖の遺産の一つを利用した筆者の菜園だった。その住まいの北西角に稲荷社と鳥居があった。

その菜園に初夏になると蛇が出没した。黒い細い鞭のようにしなやかな蛇だった。ねぐらを捜したがわが家の敷地なのか他家の土地なのかわからなかった。だが稲荷を祀る経緯《いきさつ》を聞いていたから蛇を大事にして決して追い立てたりはしなかった。わが家の守護神だという思いの方が強かった。筆者が巳年《みどし》生まれだったということは偶然だったかも知れないが何かの因縁を感じたことも事実だった。

## 神職にお願いして稲荷社を引き揚げた

筆者の仕事は順調に推移し、祖父と父の五十回忌法要を執り行ったのを機に引退し、その後祖母の五十回忌法要も済ませた。祖父母と父の五十回忌法要をできたことはとても幸せなことだという思いがある。

しかし、もう一つ筆者の手でしなければならないことがあった。稲荷社のことである。わが家の屋敷神の役割はすでに終わっていたのだが、それを大切に扱って、願《がん》を掛けた人たちがすべて他界した後もお祀りしていた。

近年、神職にお願いして祝詞《のりと》をあげていただき稲荷社を引き揚げていただいた。これでようやく一つの時代が終わったという思いが強い。跡取りの役目を果たせたと思う。

行徳地域に屋敷神を祀る家がどれほどあるか知らない。それぞれの家には言い伝えられるいわれがきっとあるに違いない。

## 一丁目道〜四丁目道までの概要

本行徳村《ほんぎょうとくむら》は享保《きょうほう》元年（一七一六）に一〜四丁目と新田《しんでん》の五つに分けられた。(2)

一丁目道《みち》は寺町通《てらまちどお》りと呼ばれる道で現在では一方通行になっている。この道の両脇が一丁目だ。本行徳一丁目の行徳街道《ぎょうとくかいどう》（バス通り）には浄土宗法泉寺《じょうどしゅうほうせんじ》の参道《さんどう》がある。一丁目道は本行徳では一番古い道で、塩田経営と新田開発はこの地域から始まっている。

二丁目道は日蓮宗円頓寺《にちれんしゅうえんとんじ》の参道で、辿っていくと浄土真宗法善寺《じょうどしんしゅうほうぜんじ》前の交差点へ出る。二丁目道は塩田開発された現在の本塩《ほんしお》へ通じる重要な塩場道《しょばみち》である。だから江戸時代初期に徳川家康《とくがわいえやす》が新田開発の号令を発した時に法善寺がある新田地域（現本塩）を開発するためにこの二丁目道を使ったのである。だから二丁目道の両側一帯は行徳新田を開拓した人々の住いがあったに違いない。権現道《ごんげんみち》は当初は浜道《はまみち》（砂丘の小高い場所にある通り）であり本行徳のメインストリートだったから、住民は権現道と現在の行徳街道との間の藪だらけの荒地に住んだのだ。行徳街道からは南消防署本行徳出張所前から日蓮宗妙覚寺《みょうかくじ》への参道がある。なお、本行徳から本八幡《もとやわた》までの新道《しんみち》(4)が開発されたのは慶長《けいちょう》年間（一五九六〜一六一四）だから、それまでは本行徳の行徳街道と言われる道はなかったか、本格的な街道として整備されていなかったと思われる。
浄土宗浄閑寺《じょうかんじ》は寛永《かんえい》三年（一六二六）の建立で、本行徳地域ではこの寺以後に創建された寺はない。

三丁目道は三丁目の鎮守八幡《ちんじゅはちまん》神社脇の道で行徳三丁目というバス停が道路の両脇に二つある。八幡神社境内の一角にバス停があるが、その場所には明治の頃に警察官の駐在所が建っていた。(5) もう一つのバス停は道路の反対側の古い水路の上にあり、水路跡の暗渠《あんきょ》を辿ると途中で行徳街道から来た三丁目道と合流する。三丁目道が内匠堀跡《たくみぼりあと》の暗渠と道路に交差する地点に馬頭観音《ばとうかんのん》が祀られている。さらにバイパス方面へ下って行くと中台神輿店《なかだいみこしてん》の工場がある。現在、ここに行徳神輿ミュージアムが設置されている。なお、バス通りの八幡神社を関ヶ島《せきがしま》方向へ行きすぎた所に日蓮宗本久寺《ほんきゅうじ》の参道がある。もちろん、本久寺門前の細道は権現道だ。参道から門前を右折して権現道を進むとじきに本行徳四丁目自治会館に突きあたる。ここは神明《しんめい》神社境内地だ。現在は豊受《とようけ》神社というのが正式名称だ。

四丁目道は成田山常夜燈《なりたさんじょうやとう》へ通じる路地の先の関ヶ島との行政境《ぎょうせいざかい》の道である。目の前に旧浅子神輿《あさこみこし》店《てん》の建物が保存されている。(6) 途中権現道の出口と交差する。左側に浄土宗教信寺《きょうしんじ》がある。その十字路を右折すると旧真言宗宝性寺《ほうしょうじ》跡地があり、細道を行くと関ヶ島の鎮守胡禄《ころく》神社と真言宗徳蔵寺《とくぞうじ》がある。本行徳四丁目地先の海岸は中世以来、国府津《こうづ》として栄えていた地域だが史料がない。(7) しかし、丁目割《ちょうめわり》から見える四丁目の地域は一丁目に匹敵する面積がある。塩田開発のための塩場道としての成り立ちよりももっと古い歴史のある道と考えたい。徳川家康以前からの道と言える。なお、四丁目道を別称御神輿道《おみこしみち》とも呼ぶ。江戸時代からの呼び名ではなく、祭礼に神輿を主として担ぐようになった近代になってから、一丁目を出発した神明社《しんめいしゃ》の宮神輿《みやみこし》が四丁目道を新田地域へ渡御《とぎょ》するために通ったから御神輿道と呼ぶ。

## 本行徳は旧丁目ごとに自治会がある

現在の市川市本行徳には一～四丁目などの丁目割は存在しない。本行徳一番～三八番までの住居表示である。しかし、本行徳地域の自治会は昔の丁目ごとにあり、神社の境内に自治会館がある。バス停は行徳一丁目・三丁目・四丁目と表示されている。二丁目にはバス停がない。

そのような歴史がある本行徳村が四町に分割されたのは三〇〇年前と古いのだが、それまでには事実上の丁目割はできていたと思われる。突然に分割するわけがないからだ。

本行徳村は徳川家康支配になる前から塩田経営をし、海は国府台《こうのだい》の国府《こくふ》への国府津だったから、享保の頃に分割されて一丁目とされた地域はかなり古くからの塩田地帯だったと思う。また、四丁目地域は国府津から陸揚げされた荷の集積地で国府台へ陸送されただろうから、馬屋《うまや》やその他の施設もあっただろう。だから一丁目と四丁目の地域は早くから人が多かった。徳川家康が塩田開発の号令を発してからは二丁目道、三丁目道が拓かれて新田（現本塩）と呼ばれた地域の開発が加速する。

享保元年（一七一六）に幕府は本行徳村を新田を含めて五町に分割したが年貢は本行徳村一本だっ

いた。神社仏閣と人心を掌握《しょうあく》するために分割をしたが税の徴収はそれまで通りに一本化していたということだろう。

## 最盛期には一七ケ寺あった寺町

本行徳村は地域も広いが財力のある有力者の数も多かった。寺は最盛期の享保の時に一七ケ寺《かじ》もあった。(8) 寺町《てらまち》と呼ばれるのにふさわしい。

本行徳村の町並みは江戸時代の文化《ぶんか》七年（一八一〇）頃、南北に約七〇〇メートル、東西に約二〇〇メートルだった。(9) 寺の敷地が縦横一〇〇メートル（これを一町歩《いっちょうぶ》という）あったとすると寺だけで一四ケ寺でいっぱいになる。実際はもっと狭い敷地だったとしても一七ケ寺という寺数は相当なもので、現代で言えば学校が密集している学園都市と似ていると表現した方がわかりやすい。それらの寺を支える有力檀家《だんか》が多数あった。

寺も神社もそうだが、寺では信徒《しんと》あるいは檀那《だんな》、檀家が重要である。現代と違って昔は有力檀家の支えは最も重要だった。市川市内でも有力檀家が没落したために寺の名を変更した寺もあるほどだ。(10)

寺の衰微《すいび》の原因は徳のある住職《じゅうしょく》に恵まれなかったということにもあるという。信徒寺《しんとでら》と呼ばれる寺は、もともとの創建のいきさつが、徳のある、学問のある、行徳とも呼ばれるお坊さんがあり、そのお坊さんを慕い、敬い、信心する人たち、これを信徒というのだが、そのようなお坊さんと信徒が一体となって栄える寺ができる。

しかし、寺といえども創建するよりも維持する方が如何に大変か理解できるだろうか。徳のあるお坊さんが去った後に、信徒が離散するということは度々あるという。

## 廃寺となった行徳地域の寺

行徳地域の廃寺となった幾つかの寺のいきさつは定かでないことが多い。

本行徳一丁目の行徳山金剛院《ぎょうとくざんこんごういん》は天文《てんぶん》一一年（一五四二）、出羽国金海法印《でわのくにきんかいほういん》が来て建立《こんりゅう》されたが、享保年間（一七一六～一七三五）に廃寺《はいじ》となり、観世音菩薩像《かんぜおんぼさつぞう》は福泉寺《ふくせんじ》に移された。

慶長二年（一五九七）、今井浄興寺末《いまいじょうこうじまつ》として建立された河原村《かわらむら》の浄土宗浄林寺《じょうりんじ》も廃寺となる。時代は不明だ。ただし、『葛飾記《かつしかき》』に記された御詠歌だけでなく、明治四五年（一九一二）四月一〇日に作成された雙輪寺の御詠歌があるので廃寺になったのはこれ以後のことと思われる。(11) この寺の本尊は海中から牡蠣殻がついて出現したので妙典村《みょうでんむら》の人が当寺へ納めたのだという。

本行徳一丁目の日蓮宗常妙寺《じょうみょうじ》は慶長三年（一五九八）建立。廃寺の時期は不明。寺地は妙頂寺《みょうちょうじ》の隣地だというが詳細は不明だ。

塩場道の三丁目道沿いに日蓮宗本久寺があるが、この隣地に日蓮宗本応寺《ほんおうじ》があった。創建年は不明だが、地誌によれば、近年（文化七年、一八一〇年からみて近年ということ）本久寺と本応寺を合併して一ケ寺とした。合併の理由は不明だ。故《ゆえ》あってということだろう。山号《さんごう》は初め浄延山《じょうえんざん》と言ったが、本応寺を併せた時に本応山と号したが、今は照徳山《しょうとくざん》とする。

## 本応寺跡地に横町稲荷神社が営まれる

本応寺の跡地はちょうど本久寺の路地向かいで、今は横町《よこまち》稲荷神社が営まれている地域とされる。この通りを本稿の取材のため散策したが周辺にはただ静寂だけがあり、世の喧騒《けんそう》から逃れたほっとした気持ちになった。このような静かなエリアは行徳でも珍しい。

春の陽だまりの中、昭和四七年（一九七二）二月初午《はつうま》に自治会長その他九名より奉納された横町稲荷大明神の石の鳥居を見た。頭《こうべ》を垂れて鳥居をくぐると白木《しらき》の鳥居が六本続く。古い白木は朽ち果てようとしている（これらの鳥居は今は撤去されている）。ここの鳥居は絶対に朱《しゅ》に塗らないのだという。かつては本久寺の保護下にあったが明治になって分離された。今では神官を招き初午の季節には祝詞《のりと》を奏上していただいている。

境内にある記念碑に昭和一五年（一九四〇）一二月三丁目二組連中と刻まれているから、横町稲荷は本行徳三丁目持ちと知れる。入口の鳥居の自治会長とは本行徳三丁目会長のことだろう。古老の昔話には三丁目の町内持ちと語られている。

しかし横町とは屋号だとも聞いた。稲荷神は個人所有の屋敷神だったという。そういえば境内に古

近年、白木の鳥居を一部取りはずした

い墓石が数体ある。寛永とか宝永《ほうえい》とか元禄《げんろく》などとも読める。風化が激しい。だとすれば本応寺が退転した文化の頃（一八〇四〜）から後に数奇《すうき》なことがあり、いつの時代かは不明だが稲荷社が営まれるようになったのだろう。残された古い墓石は本応寺にあったものかも知れない。

## 稲荷を祀った人の願いは成就したか

横町稲荷の鳥居は赤く塗ったりはしていない。白木のままだし、コンクリート製のものもコンクリートの地肌のままだ。赤く塗ってはいない。そもそもの初めのそのいわれもあったに違いない。その白木の鳥居を勧請《かんじょう》すると家がつぶれるというので、あの白木の鳥居を自宅に勧請する人はいないのだという。だから今でも横町稲荷にしか白木の鳥居はない。

古老の昔話などではこんもりとした山みたいになっていてほら穴があったという。内匠堀から舟で入れる細い水路が稲荷脇まで続いていて、こいぶし（肥料溜め）が藁《わら》屋根で囲われてあった。その中へ横町稲荷の狐に騙された人が入っていたという話もある。三丁目のお年寄りは信仰心が強かったので、油揚げなどを上げたりして孫のお守《も》りをしながら一回りして稲荷に戻ると油揚げがないのだという。狐の親がそのほら穴に運ぶのだと言われていた。

果して、そもそもの始まりに横町稲荷を祀った人たちの願いは成就されたのであろうか。

豆知識

# 『市川の伝承民話　第2集』より横町稲荷に関して三話

（注は筆者注）

## 1　横町稲荷の周辺

横町稲荷が、私なぞが子供の時分《じぶん》には、こんもりと山みたいになってましてね、それであそこにほら穴があった訳なんですよね。その先にこいぶし（肥料だめ）がねー昔のこいぶしは、わらでこうなってましたでしょー、あれがずーっと四つくらいねー、ま、肥《こやし》をためておくのに、その時分は下肥《しもこえ》でしたからねー並んでて、屋根みたいので、ふいてあったでしょ。

それで、川があったんです。内匠《たくみ》の続きでね。ここら辺は、みな百姓《ひゃくしょう》してたでしょ。ですから、稲や何かとりいれるのに、ずーっと、堰《せき》から分かれて、こっちへ入れたんです。舟で入れたんです。現在、農道になってますが、あそこだって、ちょうど、金魚屋さんて、太田さんて家《うち》があったんですよね。そこの家《うち》なんぞ、みんな稲ここまで入れてきて、それから、かついで家《うち》の裏まで入ったんですよねえ。

（横町稲荷の）ほら穴があったってことは、いくらか高くなっていたんですよ。狐の話などは、よく聞きましたねえ。この辺の人は、お年寄りは信仰心が強かったでしょ。ですから、あぶらあげなんど上げたりなにかすると、孫をお守りして、ひとまわりして来てみると、もうなかったとか。たぶん、狐が、穴に子供がいたりなんかするから運ぶんだろうっていうこと、あたしなど、ばばによく聞かされましたよ。

あのお稲荷さんは、町内持ちです。三丁目です。今でも鳥居がたくさん立ってますが、なかなか、あらたからしいですね。願いごとがね。ですから、みなさん、よく上げてるようですよ。今でも信心している人が多いみたい。

となりが本久寺さんですけど、あれは今は道ができてますが、やはり、畔道《あぜみち》しかありませんでした。そしてこう曲がっていてね。

信楽寺《しんぎょうじ》って、昔、お寺さんがあったんです。お稲荷さんの脇は、ずっと信楽寺の庫裡《くり》と墓地だったんですよね。

この先（四丁目寄り）に、教伝寺《きょうでんじ》（注：きょうぜんじのこと）ってあったんですよ。今は教信寺《きょうしんじ》ってなってますが。その二つのお寺が、親子だったもんですから、信楽寺の信を一字取って、教信寺になってます（注：教善寺《きょうぜんじ》と信楽寺の合併のこと）。

（話　鈴木三子《みね》・行徳　／　記録　内田喜久子）

※教伝寺とは教善寺のことで、ぜん、が、でん、と訛っている。

## 2　お稲荷さんと子供達

昔、新田から三丁目に行くところに、横町のお稲荷さんていって、お鳥居が、たくさんあるんですね。穴守《あなもり》さまみたいにたくさん並んで、で、その鳥居はぜったいに赤くぬったり青くぬったりしてはいけないで、白木のまんまで、この頃《ごろ》はコンクリートのが立ってます。白木のまんまお鳥居を立ててたんです。

なぜ立ててたかというと、昔、くじだとか、むじん、生活がまずしかった為に、大変にむじんがはやったそうです。それでむじんを何とか当たりたい為に、横町のお稲荷さんにお願いして、そして、当たったら鳥居をあげますよって、みんな年寄りが拝んだんですって。運よく当たるとお鳥居を上げて、お詣りした訳なんです。

で、あの鳥居をかんじょうすると家がつぶれるっていって、あの鳥居をかんじょうした人は昔からいないそうです。今だにないそうですね。（後略）

（話　鈴木ふく・行徳　／　記録　内田喜久子）

## 3　狐に化かされた話　―きれいな女

昔三丁目に竹屋って呑《の》み屋があってね、私の父親が用足しの帰りに、いっぱいのんでみやげに、天ぷらの折づめをさげて、今はなくなってるけど、三丁目に駐在所《ちゅうざいしょ》があってね、その横に新田へ出る道があるでしょう、今は両側に家が建ってるけど、そのころは、家もまばらで、稲田《いなだ》ばかりできれいな水の川があったんですよ。三丁目の終わり辺りに馬頭観《ばとうかん》音《のん》があってね、今もあるけど。そのころは、大きな松の木や、しいの木、笹などが川を、おおうように生えていてね。

いい気分でそこまでくるとね、川の向側《むかいがわ》で真っ白い手拭《てぬぐい》を頭から掛けた女の人が、手まねぎをするんで、川に入り向側へ行ってみると、いなくて、振り返るとそっちでその女の人がまた、手まねぎをするので、あっちへ行ったり、こっちへ来たり、ざわざわざわざわ、川の中を一晩中歩いて、寒くて気がついたら、夜がしらじら明けはじめていたんだって。よく見ると、着物がぼっち（藁塚《わらづか》）にかけてあったけどおりづめは、すっかりなくなってたそうよ。

（話　浅沼照子・行徳　／　記録　山下朝子）

※三人の話者《わしゃ》の話から明治・大正時代の本行徳三丁目付近の地理や風景・習慣がよく理解できる。

## 【注】

（1）屋敷神。やしきがみ。屋敷内に祭る神。稲荷《いなり》・八幡《はちまん》・熊野《くまの》・神明《しんめい》・秋葉《あきば》などが多い。
（『広辞苑』〈第四版〉）

（2）『房総叢書』第六巻所収『葛飾誌略』「神明宮」の項（『「葛飾誌略」の世界』）

（3）権現道。ごんげんみち。東金《とうがね》での鷹狩《たかがり》の際に本行徳地域内の徳川家康が通った道をいう。延長約六九〇メートル。一丁目に向かって右側に寺地《てらち》が続き、寺の裏は海岸であり塩焼《しおやき》をしていた。江戸時代初期、本行徳村の幹線道路。寛永《かんえい》八年（一六三一）幕府により木下《きおろし》街道《かいどう》が整備され本行徳から木下まで六つの宿駅《しゅくえき》を置いた時に今の行徳街道に幹線道路の地位を譲る。

（『明解　行徳の歴史大事典』）

（4）新道。しんみち。行徳より八幡迄《やわたまで》の街道也《なり》。昔、神君東金御成《おなり》の節《せつ》、此道《この》を新に開く。故《ゆえ》に新道の名あり。（後略）

（『房総叢書』第六巻所収『葛飾誌略』）

（5）『千葉県東葛飾郡誌』

（6）旧浅子神輿店の建物と跡地は平成三〇年（二〇一八）七月一日、市川市行徳ふれあい伝承館（お神輿資料館及び休憩処・駐車場）として整備されオープンセレモニーが同年七月二一日に執り行われた（『詳解　行徳歴史年表』）。

（7）『郷土読本　市川の歴史を尋ねて』

（8）法泉寺《ほうせんじ》、妙覚寺《みょうかくじ》、円頓寺《えんとんじ》、正讃寺《しょうさんじ》、本久寺《ほんきゅうじ》、本応寺《ほんおうじ》、浄閑寺《じょうかんじ》、信楽寺《しんぎょうじ》、教善寺《きょうぜんじ》（以上は権現道沿いの寺）、妙頂寺《みょうちょうじ》、妙応寺《みょうおうじ》、徳願寺《とくがんじ》、常運寺《じょううんじ》、長松寺《ちょうしょうじ》、常妙寺《じょうみょうじ》（以上は一丁目道

沿いの寺）、法善寺《ほうぜんじ》、自性院《じしょういん》の一七ケ寺。金剛院《こんごういん》は享保の時代に退転したので除いてある。

（9）『房総叢書』第六巻所収『葛飾誌略』「本行徳」の項

（10）市川市真間《まま》四丁目四番九号の日蓮宗亀井院《かめいいん》は、寛永一五年（一六三八）頃、真間山弘法寺《ままさんぐほうじ》第一一世日立上人《にちりゅうしょうにん》により、貫主《かんしゅ》の隠居寺《いんきょでら》として建てられる。はじめ「瓶井院《かめいいん》」と称す。元禄九年（一六九六）弘法寺大檀那鈴木静軒長常《すずきせいけんながつね》を葬り「鈴木院《れいぼくいん》」と改称したが、宝永《ほうえい》二年（一七〇五）鈴木家が没落するにおよび「亀井院《かめいいん》」と再改称した。

（『葛飾誌略』の世界』所収「真間の井」の〈注〉）

（11）『詳解　行徳歴史年表』所収「慶長二年」の条

# 伊能忠敬と葛飾北斎

## 幟旗を押し立てた測量隊

亨和《きょうわ》元年（一八〇一）六月二〇日午前六時に出立《しゅったつ》、午前七時頃に加藤新田《かとうしんでん》（現、幸《さいわい》一丁目）に一人の男が立っていた。男は笠をかぶり、腰に刀を携えている。羽織《はおり》を着て手には六尺の棒を持っている。伊能忠敬《いのうただたか》である。測量隊の一行は総勢六名になる。「御用《ごよう》　測量方《そくりょうかた》」と紺地《こんじ》に白抜きの文字を染め抜いた幟旗《のぼりばた》がはためいている。

忠敬の一行はその日午前五時に起床し、朝食後に本行徳《ほんぎょうとく》の総名主《そうなぬし》加藤惣右衛門《かとうそうえもん》宅を出立した。その日の予定は儀兵衛新田《ぎへえしんでん》、加藤新田、本行徳村地先《ちさき》海岸、下妙典《しもみょうでん》、上妙典《かみみょうでん》、高谷《こうや》、原木《ばらき》、二俣《ふたまた》、西海神《にしかいじん》、舟橋海神《ふなばしかいじん》、九日市入会《ここのかいちいりあい》、五日市《いつかいち》（ここまでは前日の一九日に測量予定だった）、そして千葉郡《ちばごおり》に入り、谷津村《やつむら》、久々田《くくだ》、鷺沼《さぎぬま》、馬加《まくわり》、検見川宿《けみがわしゅく》までの測量だった。(1) しかし、前日からの予定は大幅に遅れていた。それには理由《わけ》がある。

## 伊豆半島を測量して深川から行徳へ向かう

行徳を測量した前日の六月一九日、忠敬一行は午前七時頃に江戸の深川《ふかがわ》を出立、この日は晴天だった。天候は申し分がない。小名木川《おなぎがわ》沿いに進み中川番所《なかがわばんしょ》に到達、小名木川村名主に船積み荷物を預け、別船で中川を渡り小松川新田《こまつがわしんでん》に上った。ということは、行徳船《ぎょうとくぶね》が通過する新川《しんかわ》（船堀川《ふなぼりがわ》）の北側の土地ということになる。船積み荷物は着替えなどを入れた長持一棹《ながもちひとさお》などだが、これを別の船で本行徳新河岸《しんがし》に着け、船橋宿へ継ぎ送られる。次の宿の予定は船橋（五日市村）である。(2)

ここで忠敬の測量について若干述べておく。伊能忠敬の測量は今回が二度目だ。深川を出て伊豆半島を一周して江戸へ戻り、一息ついて直ちに出立、今度は今の江東区、江戸川区の海岸線を測量して江戸川を渡り、下総国葛飾郡《しもうさのくにかつしかごおり》の海岸線を測量しつつ房総半島の海岸線を一周して茨城県から東北の青森県の海岸線すべてを測量する遠大な作業である。これを第二次測量という。忠敬五七歳。要した日数は二四二日である。(3) これは第十次測量まで続き、一七年間を要した大事業だった。本稿は第二次測量の一端を述べる。

## 海岸は泥深く葦が生い茂り竹藪が覆いかぶさった

さて、中川を渡った先の小松川新田は家数二三軒だが名主は小松川本村《ほんそん》にいてここにはいない。二《に》ノ江新田《のえしんでん》、下今井新田《しもいまいしんでん》、桑川新田《くわがわしんでん》、小島《こじま》（四〇軒）、西浮田《にしうきた》（一一二軒）、東浮田《ひがしうきた》（二二二軒）、堀江《ほりえ》村《むら》（この堀江は現江戸川区東葛西《ひがしかさい》）を測量、そして江戸川を渡る。渡ったこちら側に堀江村（二六三軒）の本村がある。猫実《ねこざね》（二二七軒）、当代島《とうだいじま》（四〇軒）、新井《あらい》（七三軒）、欠真間《かけまま》（一八〇軒）、湊新田《みなとしんでん》（五八軒）、湊《みなと》（一〇二軒）、押切村《おしきりむら》（七六軒）までを測量して日没になった。予定としては半日遅れである。なお、（　）内の数字は日記に記録された家数。

忠敬一行は街道を測量したのではない。海岸線を歩いて測量した。道はあるのだがそれは大変な泥道だった。葦《あし》が生い茂り、竹藪《たけやぶ》が覆《おお》いかぶさり、海岸は泥深かった。それぞれの村々から道案内人は付くのだが、方位は密ならず、測量ははかどらなかった。

そんなわけで忠敬一行は泥だらけの格好で疲労困憊《ひろうこんぱい》してようやく本行徳へ到着した。押切村海岸で日暮てしまったからだ。(4) 江戸時代の六月一九日は現代の七月下旬だから午後五時でもまだ日は出ている。本行徳へ着いたのは午後七時過ぎだったろう。

## 名主の加藤惣右衛門の世話になり着のみ着のまま泊る

ところが着替えを入れた長持などはここにはない。船橋へ行ってしまっている。泊りの予定が船橋だったからだ。今さら取り戻すこともできない。忠敬は名主の加藤惣右衛門に頼み込み惣右衛門宅に泊る。下着も上着も着替えがない。そのまま泊り込む。むろん、惣右衛門は風呂、食事の世話をしただろう。しかし忠敬を含めた六名の測量隊の人たちは測量機器に囲まれて雑魚寝《ざこね》をするしかなかったと思われる。

なお、測量にあたって伊能忠敬は先触《さきぶれ》と泊触《とまりぶれ》を出している。先触には長持一棹、この人足《にんそく》四人、駕籠一挺《かごいっちょう》、この人足二人、本馬一疋《ほんまいっぴき》とあり、我らは上下《かみしも》六人、書面の人馬遅滞《じんばちたい》なく差出すこと、渡《と》船《せん》、川越《かわごえ》、止宿《ししゅく》も差し支《つか》えないように手配すること、食事は一汁一菜《いちじゅういっさい》でよいこと、初めは船橋泊りなので荷物は行徳から船橋へ継ぎ送ること、道々の案内をすること、としている。この触書は測量するすべての村々へ通達され、文書は順送りで署名捺印の上、最後の村まで継ぎ送られるので名主・年《とし》寄《より》・百姓代《ひゃくしょうだい》など村方三役《むらかたさんやく》は承知していたことになる。

## 明治・大正時代の当代島村と新井村の村境

ここで伊能忠敬と新井村名主鈴木清兵衛《すずきせいべえ》（行徳金堤《ぎょうとくきんてい》）との関わりを述べておく。文書で残されたものはないから筆者の推論である。

当時の新井村名主は行徳金堤の俳号を持つ鈴木清兵衛だった。幕府御用の測量と言っても、村境《むらざかい》の境界はとても大切だったから、当代島村と新井村との境界は双方の名主が立ち会うことになっている。これは全国どこの村でも同様だった。境界は名主が立ち会わなくてはならない。測量者に勝手に測量杭《そくりょうくい》を打たれてはたまらない。後日の争いの種になるからだ。

当代島村と新井村の境界は四ケ村落《しかそんお》とし(5)である。新井、当代島、欠真間、猫実の四ケ村の悪水落《あくすいお》としである。ただしこれは明治以後という時代設定になる。忠敬が測量に来た時代はこの辺はまだ海だった。塩田が禁止されてからは生活排水と農業排水の落としとして水門が設置されていた。江戸時代は塩田へ海水を取り入れるための堰《せき》だった。ここが村境である。この場所は丸浜川《まるはまがわ》沿いの桜並木を浦安方向へ進むと坂を上がる。左手に猫実水門がある。この付近がかつての四ケ村落としのあった場所だ。今は南行徳四丁目という行政区域だが、近くに東海面《とうかいめん》公園があり、かつての塩田跡地にはススキの原が広がって何ヶ所かに背の高い松の木が何本か立っていた。

東海面公園の外周はすべて松の木で囲まれている。汐垂松《しおたれまつ》(6)のイメージを公園に残したのだ。昭和四年(一九二九)に塩田が禁止されてから昭和四〇年代の土地区画整理前までススキの原に立っていた松の木は当代島村との村境で万年屋境《まんねんやざかい》と言った。それは新井村の塩田地主宮崎家の開発した塩田地帯だった。浦安市側の行政区域は現在では北栄《きたさかえ》と呼ぶ。

## 一八〇〇年頃の海岸線は新浜通りのライン

この点(村境)については若干の補足説明が必要だ。というのは忠敬が来た頃の江戸時代の海岸線はじつはこのライン(四ケ村落とし)ではなくもっと内陸の現在で言えば新浜《にいはま》通りという道路付近が海岸線だったと思われることだ。忠敬の一行は浦安市の大三角線《おおさんかくせん》という道路沿いにある豊受《とようけ》神社傍の

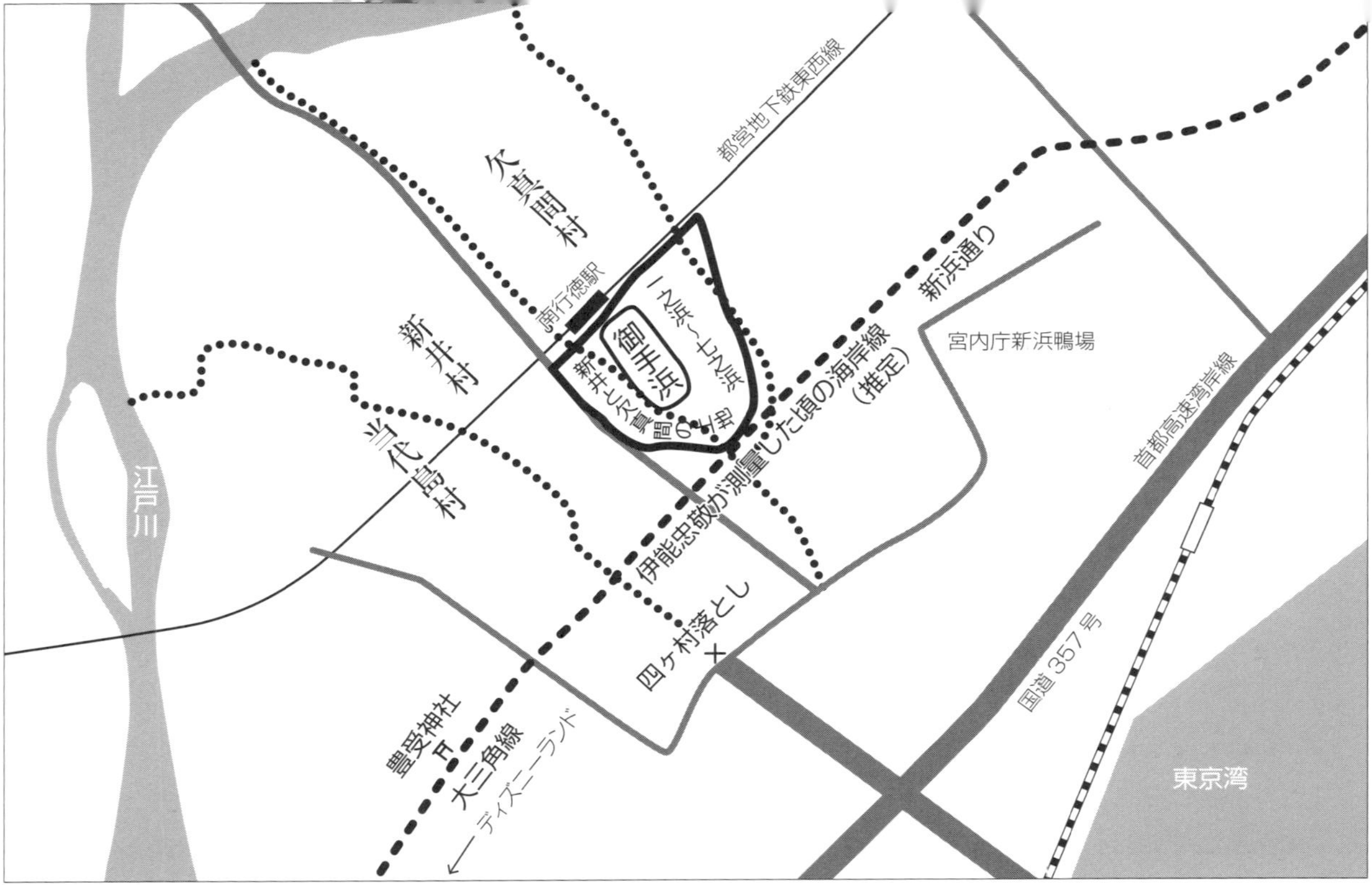


当代島村と新井村の村境と海岸線

海岸線を歩いて市川市南行徳三丁目と南行徳二丁目の南側にある新浜通り付近に来たのだ。このラインが一八〇〇年頃の海岸線だ。現在の四ケ村落とし跡がある南行徳四丁目という地域は当時はまだ海だったわけだ。

そこへ伊能忠敬一行が来た。当然のように両村の名主もいただろう。もしかしたら、年寄と百姓代も同行したかも知れない。これらの人を村方三役という。つまり村役人である。忠敬の測量を見守り、場合によっては村境だという同意を与えたのだろう。先触れには、道々の案内をすること、とあるから欠真間村境まで新井村の案内人が従っている。

## 忠敬の歩数と歩幅で距離を算出した

筆者の思いは忠敬と行徳金堤が顔を合わせ会話をしただろうということにある。後述するが、金堤と忠敬との接点は後年、葛飾北斎《かつしかほくさい》を軸に意外な方向に展開する。

話を戻すが、境界については新井村と欠真間村との境界の立会も同様だったに違いない。金堤が付けた道先案内人の新井村の村人の案内で欠真間村境まで測量をしていった。

測量隊の一行は風の如くに去って行った。まさにあっという間にいなくなった。作業のスピードは驚くべきものだった。新井村を測量した翌日、その日は儀兵衛新田から始めて検見川まで一日で測量した。距離にしておよそ三〇キロになる。江戸時代は何が何でも歩くのだから、脚《あし》は丈夫だ。

現代ではとても信じられないことだが、忠敬は歩いた歩数に歩幅を掛けて距離を算出していた。これを歩測《ほそく》という。忠敬の歩幅は六九センチだったという。身長一六〇センチ前後、体重五五キロ程度だった(7)。第一次測量では歩測で距離を算出した。

第二次測量では間縄《けんなわ》とか鉄鎖《てっさ》などの測量器具を使用した。こちらの方が正確だ。

その人が行徳の村々を歩き、測量した。日本全国をこのようにして測量し、日本の地図を作った。

## 忠敬の地図に妻が彩色をした

忠敬は機会があって第四次測量までの成果を十一代将軍徳川家斉《いえなり》公が閲覧して賞讃した。控えていた幕閣《ばっかく》の要人たちにより忠敬はすぐさま江戸城に召出され、徳川家の旗本《はたもと》に抜擢され武士になった。異例の出世である。

忠敬が将軍閲覧のために提出した日本地図は墨で描かれた黒一色の絵ではなく彩色《さいしき》がされていた。江戸時代の地図はいいかえれば絵図《えず》である。山や川、海、里などに色が着けられている。

忠敬の地図に色を塗ったのは誰だったのだろうか。いまでいう優秀なスタッフがいたのだ。忠敬には正妻が二人、正妻でない妻が二人いた。四人目の妻は正妻ではないが、とても優れた女性だったと

いう。栄という名だ。エイともいう。阿栄《おえい》とも書く。この人物に諸説がある。(8)

ただ、忠敬の師の高橋至時《よしとき》によれば、才女であり、素読《そどく》を好み、四書五経《ししょごきょう》の白文《はくぶん》を苦もなく読み、算術ができ、絵図も画けるとする。測量器具の目盛りなども見事にできるし、この節の絵図も一人前に作る、などと寛政《かんせい》一〇年（一七九八）一二月一三日付の手紙に書いているという。(9)

忠敬がエイを妻としたのが五三歳の時で、寛政一〇年であり、その三年後に第一次測量、翌年に第二次測量（行徳を通過）をし、文化元年（一八〇四）に絵図を将軍家斉の閲覧に供している。この彩色をエイがしたのだという。

## 葛飾北斎の娘が忠敬の四人目の妻という説

エイについては吉原《よしわら》で学者おいらんと呼ばれた人だという小説(10)とか、女流漢詩人であるとか、あるいは葛飾北斎の娘の阿栄であるとか諸説がある。(11)漢詩人の大崎栄は忠敬の第一次測量（北海道まで）の時に千葉県佐原に預けられるが、その後に忠敬と別れて文人として自立したとされる。

とすると、大崎栄がいなくなったあとのエイは誰なのだろうか。葛飾《かつしか》北斎の娘に阿栄がいる。応為《おうい》と号す。美人画を描かせたら北斎も及ばなかったという。応為の号については、阿栄が北斎を呼ぶ時に、オーイ、オーイ、親父ドノと呼んだことから応為としたという。この阿栄は一度結婚するが、その相手が絵描きで阿栄に馬鹿にされるような下手くそだったので阿栄は愛想を尽かして北斎のもとに戻る。(12) 以後、北斎が死ぬまで助手として北斎の面倒を見るのだが、伊能忠敬に嫁して（内縁である）から北斎のもとへ戻ったという説もある。史実は確認しにくいがロマンはある。

## 葛飾北斎と谷文晁に挿絵の依頼をした鈴木清兵衛

伊能忠敬が将軍に召されたように、葛飾北斎も将軍家斉に召されて面前で絵を描いた。家斉、鷹狩《たかがり》の途次《とじ》浅草伝法院でのこと。北斎、従容《しょうよう》として、恐れる色もなく、筆を振るって花鳥山水《かちょうさんすい》を画き、左右の者しきりと感嘆するのを横目に、懐から出した鶏の足に朱肉をつけて絵の上を歩かせたという。この時に北斎に先んじて絵を描いた者が一人いた。谷文晁《たにぶんちょう》である。文晁は北斎の奇行を目《ま》の当《あ》たりにして手に汗を握ったと語る。

北斎の母は赤穂浪士《あこうろうし》の討ち入りで死んだ小林平八郎の孫娘だったという。北斎は常日頃からこのことを吹聴《ふいちょう》していた。(13) 果たして将軍家あるいはその幕閣たちの耳にこの話は伝わっていたのだろうか。

筆者がこの逸話を綴るのは奇しくもの因縁《いんねん》を感ずるからである。じつは北斎も文晁も新井村の名主鈴木清兵衛、俳号行徳金堤の依頼に応じて挿絵《さしえ》を描いているからである。金堤は文化一〇年（一八一三）に『勝鹿図志手くりふね《かつしかずしてくりふね》』(14) という葛飾を紹介する地誌と俳諧の好事家《こうずか》から集めた句集を収めたものを刊行した。刊行までに四～五年は要したと思われるので、伊能忠敬、葛飾北斎、谷文晁らと同時代同時期に面識、会話、接点があった可能性は十分にある。それらの人々はみな徳川将軍に召されている。

## 玉藻刈水汲て継母に仕ふ　――手古奈の図

金堤は文晁とは同い年で北斎は金堤の三歳年上になる。文晁も北斎もかなりな変わり者である。一度や二度アトリエを訪れただけでおいそれとはすぐに依頼を引き受けなかったのではなかろうか。両者とも売れっ子のとびきり忙しい絵描きだからだ。

金堤は大柄な普通の人とは違った怪異《かいい》な面立《おもだ》ちであり、二人は金堤にどのような印象を持ったのだろうか。北斎は「挿図《そうず》　玉藻刈水汲《たまもかりみずくみ》て継母《けいぼ》に仕《つか》ふ　―手古奈《てこな》の図」を描き、文晁は海岸に斜めに生える数本の汐垂松とその上を舞う丹頂鶴《たんちょうづる》を描いた。ともに金堤の要望にふさわしいものだろう。

北斎は依頼主の謝礼を仕事をする机の傍らに中身も確かめずに投げ出して置いたという。金堤の謝礼金もそのようにしたのであろう。

将軍に召されたほどの北斎は滝沢馬琴とは仕事仲間だった。馬琴の小説の挿絵を永らく担当して描いていた。その馬琴が本行徳新河岸の宿屋信楽《しがらき》に逗留《とうりゅう》して新たな作品(15)『南総里見八犬伝《なんそうさとみはっけんでん》』の構想を練《ね》った。金堤が著作を刊行した年のことだった。金堤はそれまでの馬琴の著作に載っている北斎の挿絵を見ていたことだろう。

玉藻刈水汲て継母に仕ふ（手古奈の図）

## 農民の痛みがよくわかっていた忠敬と金堤

伊能忠敬にとって行徳金堤は測量の際に忠敬と接触した何百人もの名主のうちのたった一人に過ぎない人物であり、忠敬の記録にも表れない人である。しかし、金堤にとっては短い時間であったとしても強烈な刺激を受けた人物であったに違いない。金堤が著書を刊行する一二年前のことである。金堤も忠敬も共に名主職にあった人である。しかも、金堤は現職の名主である。

忠敬が六月二〇日に行徳を測量した日記の中に、原木村、家五〇軒、この村先年津波にて家流れ崩れ、数、合せて五八軒、溺死《できし》村方一一三人、外より入込人《いりこみにん》四〇人、の記載がある。一五三人の死者が収容されている。忠敬は佐原の名主だった。忠敬には農民の痛みがよくわかる。

この天災は寛政三年（一七九一）八月六日の大津波のことである。行徳塩浜はすべて大破、土船《どぶね》、竈家《かまどや》、民家が押し流され、特にひどかった原木村は一村退転同様の有様だった。農民は幕府から夫食《ぶじき》（農民の食べる粟《あわ》や稗《ひえ》などの食料）を拝借し、農具を買うための金も拝借した。幕府は直ちに公共事業を実施、幕府の資金で欠真間村地先干潟《ひがた》に御手浜《おてはま》(16)を開発し、一之浜《いちのはま》から七之浜《なのはま》まで七つの塩浜を開発した。すべて完成したのは寛政八年である。

忠敬は金堤からこれらのことをつぶさに聞かされたに違いない。なぜならば御手浜は忠敬が測量している場所から目と鼻の先の場所だったからだ。二人ともそのことを自分のこととしてとらえることができる村役人だったと言える。

時代の廻りあわせというものは人知《じんち》では計り知れないものがある。寛政から文化・文政《ぶんせい》の時代、天《てん》保《ぽう》にいたるまで、農民や庶民から輩出された英傑《えいけつ》たちが「文化」をキーワードにして大いに活躍した時代だったと言える。

豆知識

## 行徳金堤とはどのような人物だったのか

（金堤の本名）鈴木清兵衛　鈴木家の当主は代々清兵衛を襲名《しゅうめい》

（金堤の職業）新井村の名主

（金堤の生没年）

生年　宝暦《ほうれき》十三年（一七六三）頃と推定される。その翌年は明和《めいわ》元年。明和六年（一七六九）に『塩浜由緒書《しおはまゆいしょがき》』が代官小宮山杢之進《こみやまもくのしん》により作成されている。この年、金堤六歳である。

没年　天保七年（一八三六）一月十四日新井清兵衛父　戒名《かいみょう》　衆徳院彰誉行然居士

没年齢七十三歳と推測

（『勝鹿図志手ぐり舟』及び『影印・翻刻・注解　勝鹿図志手繰舟』）

墓は千葉県市川市湊の浄土宗仏法山法伝寺《じょうどしゅうぶっぽうざんほうでんじ》。戒名の中に「行」「徳」の文字がある。

金堤の墓は無縁の墓を集めて作った万霊塔《まんれいとう》に組み込まれていまは所在が知れない。

「父」とあるのは、跡取り息子が父親の金堤を葬ったからである。名主だった鈴木家の当主は清兵衛を襲名したので新井清兵衛とあるのは金堤の跡を継いだ息子の清兵衛のことである。金堤を葬った息子の清兵衛は、明治七年（一八七四）に新井小学校を設立した清兵衛である。

（金堤の風貌）

『勝鹿図志手くりふね』の跋文《ばつぶん》（あとがき）を書いた脇山退斎《わきやまたいさい》によれば、「金堤老人……その貌《かお》をみるに傀梧《かいご》（身体のすぐれて立派なこと）、その気佚宕《てっとう》（のびのびとして大きいこと、雄大）、想うにその中に名を樹功《じゅこう》（手柄をたてる）し……余（退斎のこと）老人を行徳に見る事いくたび、その初めその外貌《がいぼう》を視《し》す。思えらく衆人と異なるか、ややありてその志気《しき》（意気込み）を察し……」と述べている。

現代風に表現すれば、体格が大柄で、押し出しが良く、顔は一般の人とかなり違って見えて、熱情がほとばしるような意気込みがあり、性格はのびのびとしていて雄大で、経済的には恵まれた鷹揚な旦那ぶりといえる。

余老人を行徳に見る事いくたび……というのは、脇山退斎本人が何度か行徳へ来ていたことを示している。また、金堤を「老人」として敬語を用いていることから、その当時の金堤の年齢は五十歳過ぎと考えられる。

（『「勝鹿図志手くりふね」の世界』）

【注】

（1）同廿日《どうはつか》　六ツ半《むつはん》後《ご》行徳出立、儀兵衛新田浅岡彦治郎御代官所《ぎへえしんでんあさおかひこじろうおだいかんしょ》　高一石五斗余《たかいっこくごとよ》　家一軒《いえいっけん》　加《か》藤新田同代官所《とうしんでんどうだいかんしょ》　高三石五斗九升九合　家一軒　本行徳村中村八太夫御代官所《ほんぎょうとくむらなかむらはちだゆう》　村高《むらたか》九百五十六石三斗八升　家三百六十軒　下妙典村《しもみょうでんむら》同御代官所　村高百二十二石九斗一升五合　家八十九軒　上妙典村同前《かみみょうでんむらどうぜん》百四石九斗三升一合　家七十六軒　高谷村《こうやむら》同前　村高六十九石二斗六升八合　家八十五軒　原木村菅沼安十郎《ばらきむらすがぬまやすじゅうろう》御代官所　村高百五十九石三斗余　家五十四軒［此村先年津浪ニ而家流崩数合《このむらせんねんつなみにていえながれくずれかずあわせて》　五十八軒　溺死村方《できしむらかた》百十三人外ゟ入込人《ほかよりいりこみにん》四十人］二俣村《ふたまたむら》同前村高四十三石一斗三升　家三十二軒　西海神村《にしかいじんむら》同前　村高二百九十三石二斗　家九十一軒　舟橋海神葛飾郡舟橋本陣五郎左衛門《ふなばしかいじんかつしかごおりふなばしほんじんごろうざえもん》　同九日市入會合《どうここのかいちいりあいあわせて》　同前　八百九十四石余　家六百五十軒　同五日市《どういつかいち》同前　高千三石七斗　家三百八十軒余　千葉郡《ちばごおり》　谷津村大久《やつむらおおく》保八兵衛知行《ぼはちべえちぎょう》　二百一石余　家百八軒　久久田村中村八太夫《くくたむらなかむらはちだゆう》御代官三十一石余　金田友八郎《かねだゆうはちろう》知行百五十石余　合《あわせて》家百八十五軒　鷺沼村《さぎぬまむら》大久保八兵衛知行百四十七石九斗六升一夕《いっせき》　込《こみ》高《たか》四十六石九斗七升一合五夕《せき》　高合《たかあわせて》百八十七石一斗八升一合六夕八才　家百七十〇軒　馬《ま》加《くわり》中村八太夫御代官四石六斗程　両町奉行給地《りょうまちぶぎょうきゅうち》八百石　家三百五十軒　名主弥平次《なぬしやへいじ》［舟橋も此所《このところ》も駅場《えきば》なり、舟橋も此所も宿《しゅく》と云《いう》］　検見川宿《けみがわしゅく》御代官中村八太夫五十四石壱斗壱《いっといっ》升《しょう》　金田助八郎《かねだすけはちろう》百九十石　清野半右衛門《きよのはんうえもん》百石八斗一升　小林金十郎《こばやしきんじゅうろう》百三十一石六斗　吉田《よしだ》周悦《しゅうえつ》百廿五石六斗六升四合　合家《あわせていえ》三百五十軒［駅場ニ而宿と云《えきばにてしゅくいう》］　七ツ半頃ニ着《ななつはんにちゃく》、止《し》宿《しゅく》［宿清次郎《やどせいじろう》］、此夜大曇天《このよるだいどんてん》

（『千葉県史料　近世扁』「伊能忠敬測量日記一」）

（2）

覚《おぼえ》

一《ひとつ》　長持《ながもち》　壱棹《ひとさお》　此人足四人《このにんそくよにん》

一　駕籠《かご》　壱挺《いっちょう》　此人足二人

一　本馬《はんま》　壱疋《いっぴき》

右者我等《みぎはわれら》就《すなわち》測量《そくりょう》御用《ごよう》ニ付《につき》上下《かみしも》六人明《みょう》十九日江戸出立も海邊《うみべ》通《どおり》陸奥國《むつのくに》迄《まで》罷越《まかりこし》候間《そうろうかん》、書面之人馬《しょめんのじんば》御定之《おさだめの》賃銭請取之《ちんせんこれをうけとり》、聊《いささかも》無遅滞《ちたいなく》差出《さしだし》シ《し》継立《つぎたて》、且又《かつまた》渡船《とせん》川越《かわごえ》止宿《ししゅく》等《など》之儀《のぎ》差支《さしつかえ》無之様《これなきよう》、且《かつ》雨天《うてん》其外《そのほか》逗留《とうりゅう》之儀《のぎ》も有之候間《これありそうろうかん》、其心得《そのこころえ》ニ而《にて》執斗可給候《とりはからいたまうべくそうろう》、以上

酉《とり》六月十八日

伊能勘解由《いのうかげゆ》印

従江戸海邊通《えどうみべとおりから》
安房国洲崎迄《あわのくにすさきまで》
右村々宿々
名主
問屋　中
年寄

追而申入候《おってもうしいれそうろう》、止宿之儀者前泊《ししゅくのぎはぜんはく》より可申遣候《もうしつかわすべくそうろう》、支度之儀者《したくのぎは》一汁一菜之外《いちじゅういっさいのほか》無用《むよう》ニ候《にそうろう》、早々《そうそう》ニ順達《にじゅんたつ》シ《し》安房国洲崎村《あわのくにすさきむら》ニ留置《にとどめおき》、我等着之節宿所《われらちゃくのせつしゅくしょ》江《え》可被返候《かえさるべくそうろう》、以上

覚《おぼえ》

一《ひとつ》　明《みょう》十九日深川出立、海邊《うみべ》ニ沿《にそい》舟橋泊《ふなばしどまり》ニ致通行候間《につうこういたしそうろうかん》、村々《むらむら》案内致《あないいた》し渡船川越《とせんかわごえ》

等《など》之《の》儀《ぎ》差支《さしつかえ》無之《これなき》様《よう》、尤《もっとも》荷物《にもつ》之《の》儀《ぎ》江戸《えど》表《おもて》ゟ《より》直《ちょく》ニ《に》行徳《ぎょうとく》船橋《ふなばし》と継送《つぎおくり》候《そうろう》間《かん》、左様《さよう》相心《あいこころ》得《え》、外村々《ほかむらむら》人足《にんそく》差出《さしだし》候《そうろう》ニ《に》不及《およばず》、右《みぎ》荷物《にもつ》之《の》内《うち》測量《そくりょう》器《き》致持参《じさんいたし》候《そうろう》間《かん》、人足《にんそく》壱人《いちにん》宛《あて》用意《ようい》致《いたし》候《そうろう》様《よう》執《とり》斗《はからい》可給《たまうべく》候《そうろう》、若《もし》十九日雨天《うてん》ニ《に》候得者《そうらえば》、日限《にちげん》日《ひ》送《おくり》ニ《に》相成《あいなり》候《そうろう》、為念《ねんのため》申入《もうしいれ》候《そうろう》、以上

酉《とり》六月十八日　伊能勘解由

又兵衛新田《またべえしんでん》　小松川新田《こまつがわしんでん》　東西浮田《とうざいうきた》　菊川［ママ］新田　長嶋新田《ながしましんでん》　堀井新田《ほりいしんでん》　猫実《ねこざね》　行徳《ぎょうとく》

舟橋迄《ふなばしまで》　右村々《みぎむらむら》宿々《しゅくしゅく》　名主《なぬし》問屋《とんや》年寄《としより》中《ちゅう》

覚《おぼえ》

人足弐人《にんそくふたり》　天文方《てんもんかた》高橋作左衛門《たかはしさくざえもん》弟子伊能勘解由

馬《うま》　壱疋《いっぴき》

長持壱棹《ながもちひとさお》

右者《みぎは》此度《このたび》伊豆《いず》相模《さがみ》武蔵《むさし》下総《しもうさ》常陸《ひたち》陸奥國《むつのくに》海邊《うみべ》測量《そくりょう》為御用《ごようのため》被差遣《さしつかわされ》候《そうろう》ニ付《につき》、書面《しょめん》之《の》人馬《じんば》勘解《かげ》由断《ゆだん》次第《しだい》御定《おさだめ》之《の》賃銭《ちんせん》請取之《これをうけとり》、可差出者也《さしだすべきものなり》

酉《とり》六月　和泉《いずみ》　御印

下野《しもつけ》　御印

御用《ごよう》ニ付《につき》無印《むいん》形《ぎょう》左近《さこん》

飛騨《ひだ》　御印

主膳《しゅぜん》　御印

下總国《しもうさのくに》

葛飾郡《かつしかごおり》
千葉郡《ちばごおり》
右宿々村々
問屋名主
年寄組頭

追而此觸書不限昼夜早々《おってこのふれがきちゅうやにかぎらずそうそうに》継送《つぎおく》り、請書《うけしょ》相添《あいそえ》留《とま》り村《むら》ゟ《より》最寄《もより》御代官《おだいかん》江《え》相達《あいたっし》可相返者也《あいかえすべきものなり》

右之通《みぎのとおり》御觸書《おふれがき》出《だし》候間《そうろうかん》、本紙《ほんし》相添《あいそえ》相廻《あいまわし》候《そうろう》ニ《に》付《つき》、大切《たいせつ》ニ《に》取扱《とりあつかい》、御料《ごりょう》私料《しりょう》海邊《うみべ》附村々《つきむらむら》不洩様《もらさぬよう》此帳面《このちょうめん》江《え》請書《うけしょ》并《ならびに》刻付《こくつき》相記《あいしるし》、令順達《れいじゅんたつ》留村《とめむら》ゟ《より》江戸《えど》本所《ほんじょ》緑町《みどりまち》自分役所《じぶんやくしょ》江《え》可相返者也《あいかえすべきものなり》

酉《とり》六月十一日　浅岡彦四郎

下総国
葛飾郡
千葉郡
宿々村々
問屋
名主
年寄
組頭

右《みぎ》御勘定《ごかんじょう》御奉行《おぶぎょう》御村觸《おんむらぶれ》御代官《おだいかん》添觸《そえぶれ》ハ《は》、測量《そくりょう》御用先《ごようさき》ニ而《にて》村々ゟ《むらむらより》写し置《おき》、此所《このところ》江《え》書入申《かきいれもうし》候《そうろう》

（『千葉県史料　近世篇』「伊能忠敬測量日記一」）

（3）享和《きょうわ》元年四月二日、江戸を出て、先ず東京湾を西に向かい、三浦半島、伊豆半島を経て伊豆の下田《しもだ》に至る。ここから伊豆の西海岸を北上して沼津へ出て、東海道を東に進み、いったん江戸へ帰る。この間の日数は六四日。続いて六月一九日に江戸を再出発し、房総半島を一周して鹿島灘《かしまなだ》を北上して、松島、釜石、宮古、尻谷岬と進み、ここから下北半島を一周して野辺地に至り、青森を経て一一月三日に三厩に達した。帰路は、昨年測量した奥州街道《おうしゅうかいどう》を再測量しながら、一二月七日に江戸に帰着する。一六六日の測量日だった。合計二三〇日である（『伊能忠敬測量日記第一巻』）。ただし、『千葉県史料　近世篇』の「伊能忠敬測量日記一」によれば、二四二日である。

（4）同十九日、朝ゟ《より》晴天、五ツ頃《いつつころ》（午前七時半）深川出立、又兵衛新田ニ《またべえしんでんに》至り、中川御番所《なかがわごばんしょ》へ小松川新田渡り幷《ならびに》船積荷物を小名木川名主《おなぎがわなぬし》を以達ス《もってたっす》、則《すなわち》小名木川村ゟ船を廻《まわ》し、小松川新田へ渡る菅沼安二郎御代官所《すがぬまやすじろうおだいかんしょ》　村高《むらたか》弐百《にひゃく》五十五石余《こくよ》、家二十三軒《けん》　名主ハ小松川本村ニ有《ほんそんにあり》、夫《それ》ゟ二ノ江新田《にのえしんでん》　下今井新田《しもいまいしんでん》　桑川新田《くわがわしんでん》　入會新田字小嶋と云《いりあいしんでんあざこじまという》、凡《およそ》家四十軒同御代官所　二ノ江新田二百七十二石　下今井新田　桑川新田　百三十六石宛《あて》　西浮田村《にしうきたむら》同御代官所　家百十二軒　九百五十三石九斗五升八合《きゅうとごしょうはちごう》　東浮田村《ひがしうきたむら》同御代官所　村高五百六石斗四升四合　家二百二十二軒　堀江村中村八太夫御代官所《ほりえむらなかむらはちだゆうおだいかんしょ》　村高四百四十八石二斗四升二合五夕《せき》　家二百六十三軒　猫実村《ねこざねむら》同御代官　村高百九十二石四斗五升五合　家二百廿七軒　當代嶋村《とうだいじまむら》同御代官　村高二百〇一石三升　家四十軒　新井村《あらいむら》同御代官　村高百五十八石九斗七升三合　家七十三軒　欠真間村《かけままむら》同御代官所村高四百五十二石一斗五升六合　家百八十軒　湊新田浅岡彦四郎御代官《みなとしんでんあさおかひこしろうおだいかん》　村高三十九石五斗四升七合　家五十七八軒　湊村《みなとむら》中村八太夫御

代官所　村高八十九石六斗八升九合　家百二軒　押切村《おしきりむら》同御代官　村高六十八石二斗一升二合　家七十六軒、日暮《ひぐれ》ニ相成候《にあいなりそうろう》ニ付《につき》行徳宿《ぎょうとくしゅく》ニ成ル《になる》、宿名主《しゅくなぬし》惣右衛門《そうえもん》、舟橋泊《ふなばしどまり》申觸候所《ふれもうしそうろうところ》行徳前ニて《に》日暮《ひぐれ》無據《よんどころなく》止宿《ししゅく》ニ付《につき》、荷物ハ《は》舟橋迄参《まい》り候間《そうろうかん》、着替ニ《に》も其外大ニ差支申候《そのほかおおいにさしつかえもうしそうろう》

去《さんぬ》る十五日潮干《ちょうかん》ニ而《にて》海岸測量も宜《よろし》からんと、洲崎弁天《すさきべんてん》より海邊《うみべ》中川尻《なかがわじり》、夫《それ》ゟ中川ニ添《にそい》て御番所前迄測《そく》し道路常ニ《に》不往来《ふおうらい》の所ニ而《ところにて》、海岸ハ《は》泥深く、中川尻《じり》ゟ芦《あし》野原竹藪覆《のはらたけやぶおおい》ヒ重《かさな》り甚《はなはだ》難儀《なんぎ》なりしニ《に》、此日《このひ》も小松川新田ゟ押切村道路ハ《は》同様難渋《なんじゅう》ニ而《にて》、測量も尺取《はかど》らす《ず》方位も密ならす《ず》、斯日暮ニハ及《かくひぐれにはおよび》ける

（『千葉県史料　近世篇』「伊能忠敬測量日記一」）

（5）『行徳郷土史事典』
（6）汐垂松。汐垂松とは、堤に植えられた松のことをいいました。汐は塩あるいは潮とも書きます。汐垂れるとは「しほた・る」であり、「潮水に濡れてしずくが垂れる様子」をいい、転じて「涙で袖が濡れる」こと、泣くことを意味します。松の木の多くは潮風に押されて、根元の少し上から風下の方に曲がっていて、斜めに枝を張っていました。その松の木の風情は、海岸に群れ飛ぶ千鳥、沖に帆かける舟、塩焼の竈《かまど》からたなびく煙とともに、行徳の特色でした。

（『行徳郷土史事典』）

（7）『伊能忠敬測量日記　別巻　新説 伊能忠敬』
（8）『伊能忠敬測量日記　別巻　新説 伊能忠敬』
（9）『葛飾北斎伝』

97　行徳歴史街道6

（10）『四千万歩の男（一）』

（11）『伊能忠敬測量日記　別巻　新説 伊能忠敬』

（12）『葛飾北斎伝』

（13）『葛飾北斎伝』

（14）『「勝鹿図志手くりふね」の世界』に全文を収録

（15）『葛飾風土史　川と村と人』に、行徳の旅籠《はたご》信楽《しがらき》に逗留した時の宿賃証文が同宿の襖《ふすま》の下張りに使われていたとの記載がある。

（16）御手浜といふは、欠真間村にて、寛政三亥年《いのとし》（一七九一）、御《ご》大老松平越中守様《たいろうまつだいらえっちゅうのかみさま》の時に、御勘定《かんじょう》早川富三郎殿開発有り。初めは、上様にて御持《おもち》の所故《ところゆえ》に此名《このな》あり。

（『房総叢書』第六巻所収『葛飾誌略』）

# 行徳の治安と千葉県巡査の殉職

## 「士」は文武を身に付け他の範となるべき存在

士農工商《しのうこうしょう》、江戸時代に儒教《じゅきょう》思想と官僚支配の基《もと》となった身分制度である。明治維新が成った時、このうちの「士」が失業した。農工商は少なくともそれまで以上に自由に仕事ができるようになったが、武士階級は失業して没落した。失業した武士が選んだ職業のうちに軍人と警察官がある。

現代社会に「士」のつく職業がある。弁護士・司法書士・公認会計士・税理士・建築士その他いろいろとある。江戸時代の「士」（さむらい）は物品を生産したり販売したりする職業には就かなかったが、統治者として文武《ぶんぶ》と教養を身に付け農工商の範《はん》となるべき存在だった。

現代の職業人としての「士族《しぞく》」にもそれを求めたいというのが筆者の希望だ。そのための士業《さむらいぎょう》であろう。

## 村方三役が農民を代表した

江戸時代、行徳塩浜付村々には村役人《むらやくにん》と呼ばれた人たちがいた。名主《なぬし》、年寄《としより》、組頭《くみがしら》を村方三役《むらかたさんやく》という(1)。

名主は代官の支配のもとで村の民政をつかさどり、年貢の徴収もした。身分は百姓であり苗字帯刀《みょうじたいとう》を許されることもある。関西では庄屋《しょうや》と呼ぶ。現代では「○○自治会長」「○○町会長」「区長」などと呼称が変った。だから自治会長職は行政の下役《したやく》だけではなく住民のために役所に対して大いに提言をすべき役職でもある。

年寄は江戸時代、町村の住民の長《おさ》の役。年配者がなることが多いが、名主よりも村民側の人。

組頭は名主を助けて村の事務を執り行った者。百姓だが読み書きができなければ務まらない。組頭に代わって百姓代《ひゃくしょうだい》という職もある(2)。百姓代とは江戸時代、代官の下で幕府領地の民政に当った役で名主、年寄、百姓代を村方三役と呼ぶ。

## 新河岸に船会所と番所があった

本行徳村《ほんぎょうとくむら》には新河岸《しんがし》があったので、ここには船会所《ふねかいしょ》(3)が置かれていた。本行徳村の村役人が詰めていた。会所は江戸時代では商業・行政などの事務をとるための集会所。

『江戸名所図会《えどめいしょずえ》』の「行徳船場《ぎょうとくふなば》」の図では常夜燈《じょうやとう》の右隣に描かれている建物がそれで、通りに面している建物が川岸番所《かわぎしばんしょ》でその裏の細長い建物が会所だ。村方三役が常時詰めていることは事実上無理だろうから、実際は雇われた村人が実務を取り仕切ったに違いない。会所の費用は村持ちである。

川岸番所といっても実際の運営は村役人と雇われた村人がするのだから、職務権限としては代官所の役人のようにはいかない。しかし、番所の「役人」は相当に頭《ず》が高かったようだ。それは行徳船《ぎょうとくぶね》を利用する人々を監視して「不審者」を捕えようとしたからだ。それが役目である。

## 夜盗を捕えて代官から褒美をもらった

寛永《かんえい》一一年（一六三四）九月一七日、芝田村《しばたむら》という所の旅館に夜盗《やとう》が押し入り逃走、その触れが回されてくるよりも前の翌九月一八日朝、川岸番所で不審なる者として詮議《せんぎ》して召し取った者二人がその夜盗だったことが判明。当番の役人の大手柄と言える。現代で言えば、交番の警察官が職務質問をして犯罪者を検挙したことに相当するだろう。

当時の代官は伊奈半左衛門《いなはんざえもん》だったが、大変な喜びようで番所の「役人」は御褒美として銀三枚をいただいた。この時同時に三《み》つ道具が御免《ごめん》となった。(4) 三つ道具とは捕り物用具のことで、扠又《さすまた》、突棒《つくぼう》、袖搦《そでがら》みのことをいう。これを自由に使ってよい、という許しである。先の「行徳船場」の図の番所の建物の右側に描かれている物がそれである。いかめしく飾ってある。

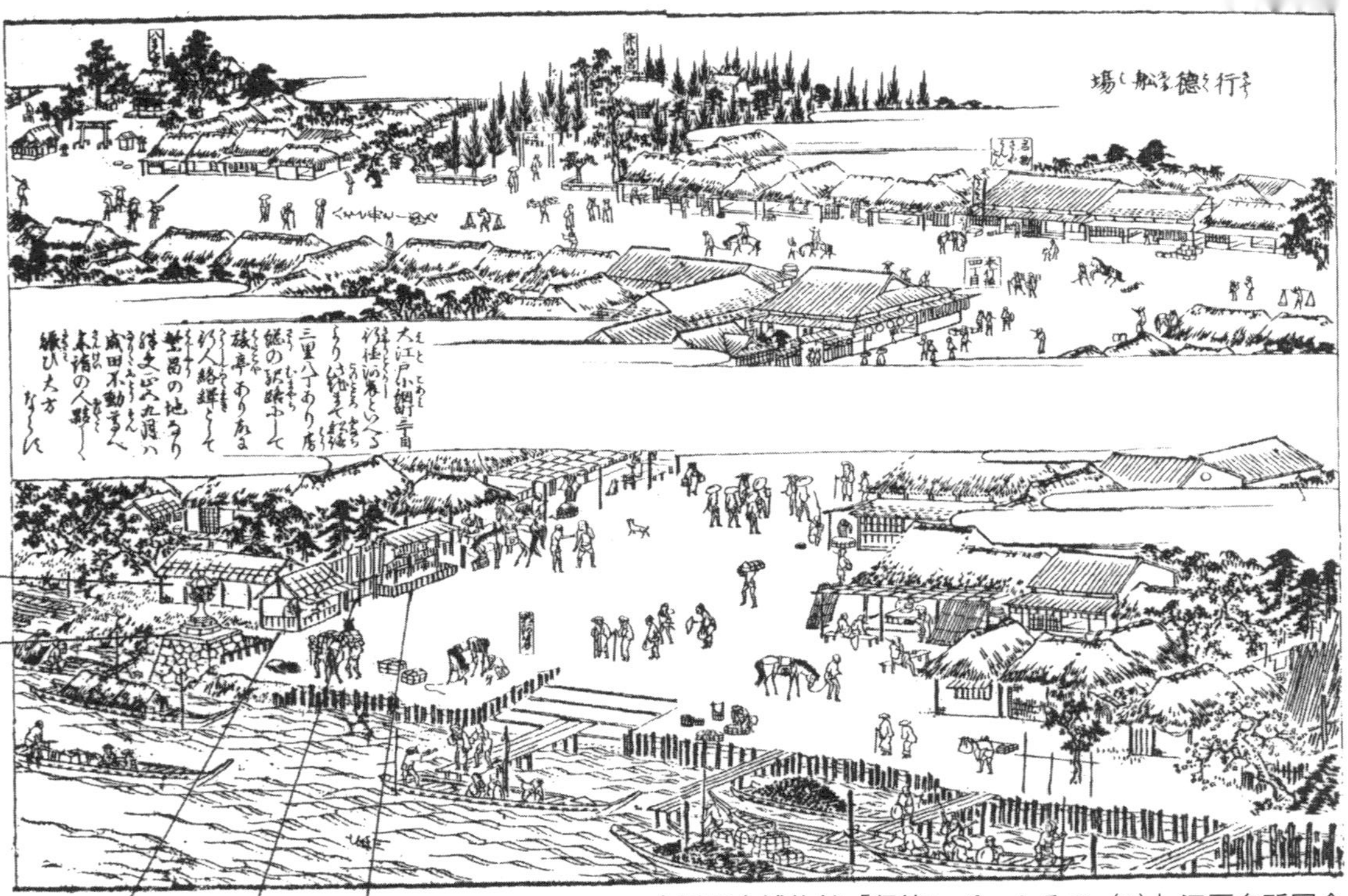


市川歴史博物館「行徳レポートその（1）」江戸名所図会

誤解を避けるために補足するが、寛永の時代の行徳船場は海側にあったのであり、『江戸名所図会』の行徳船場は江戸川に面した場所に移った後のものだ。新河岸が設置されたのは元禄《げんろく》三年（一六九〇）のことである。(5)

## 河原の渡しで旅人を渡さないように船会所が監視

船会所の役割はもう一つあって、川原村《かわらむら》にあった舟渡し（河原《かわら》の渡《わた》し）に船会所から人を派遣して見張りをさせていた。(6) 旅人の往来が厳禁されていたからだ。元和《げんな》二年（一六一六）八月、それまで自由に往来ができた河原の渡しが閉ざされて、旅人は禁制、土地の百姓だけの渡しとされた。これは今《いま》井《い》の渡しも同様で百姓以外の渡船は禁制とされた。(7)

ただ、今井の渡しだけはいつの時代かわからないのだが、今井村側からの（つまり江戸からの）渡しについてだけは「男性の旅人」だけは渡してよいと規制が緩和されている。なお、元和二年という年は徳川家康《とくがわいえやす》が七五歳で四月に没した年である。前年に家康は豊臣家を滅亡させている。そのような騒然とした時代だったから渡し場の規制を強化したと思われる。

## 見せしめのために桀の刑にされる

市川市の史料や行徳の地誌には記載がないのだが、本行徳村の船会所からは今井の渡しを監視するために人が派遣されていたことが考えられる。そのことの裏付けの一つになるのだろうが、正保《しょうほう》元年（一六四四）、この年は行徳船場で夜盗二人が捕えられてから一〇年後のことだが、今井の渡しを欠真間《かけまま》村側から今井の側へ渡ろうとした旅人が二人捕えられた。禁制を破ったのだ。

男は久三郎といい、女はイネといった。この二人は直ちに桀《はりつけ》の刑になる。地誌には駆落《かけお》ちと書かれているが真偽のほどはわからない。刑の執行を急いだ理由が不明である。この時に川越えを手伝った船頭とその家族も同罪で桀の刑になっている。これは明らかに見せしめのための死刑であり、地誌にもそのように書いてある。そして関係者全員が処刑されている。これはすなわち真の理由を隠ぺいするための口封じだったのであろう。(8)

久三郎とイネは誰も引き取り手がいないので、哀れんだ欠真間村の村人が桀場に埋めて石地蔵を立てて葬った。これをねね塚と呼んだがいつの頃かの洪水の節に川へ埋もれて行方不明になってしまった。(9) その場所は現代の今井橋（三代目）の下手、市川市南消防署広尾出張所の庁舎付近と思われる。

## 悪さをする浪人対策を村役人がした

万延《まんえん》二年（一八六一）二月、水戸浪士《みとろうし》にならって、潮来《いたこ》辺りに大勢集まり徒党《ととう》を組んで関東取締《かんとうとりしまり》出役《でやく》に対して鉄砲を打ちかけて追い払い、その虚《きょ》に乗じて直ちに江戸表《おもて》へ押し出す用意をしている由《よし》の情報があり、幕府は木下街道《きおろしかいどう》沿いの村々に対策を取るように触れを出した。

村役人協議の上、非常時には半鐘《はんしょう》を鳴らし、太鼓《たいこ》を叩き、村人は竹槍《たけやり》、鳶《とび》、莚《はい》、鎌《かま》、槍などを持ち駆けつけて捕えるかそれとも打ち殺すことになっていた。詰所や番屋では昼夜に限らずかがり火を焚《た》き続けて油断なきよう取計《とりはか》らうこと、一昼夜弁当付で四〇〇文宛《あて》の予算で相勤めるとしている。(10)

元治《げんじ》元年（一八六四）八月、浪人共所々《ろうにんどもしょしょ》に徘徊《はいかい》出没し乱暴し押し借り（実際は強盗）するので、見張り小屋を建て、半鐘・太鼓を合図に駆けつけ、狼藉者《ろうぜきもの》を捕え、あるいは鉄砲にて打ち殺し、あるいは斬り殺してもよい、と関東取締出役様が仰せ渡されたので、村々は談判の上、取り決めをした。

一五歳以上六〇歳以下、男一人に付き鳶・竹槍などを用意すること、太鼓・半鐘を合図に駆けつけること、村ごとに高張提灯《たかはりちょうちん》を目印にすること、先手《さきて》に進み名乗りを上げた村人には金一〇両を、二番手には金七両を、三番手には金四両を褒美として与えること、怪我をしたものには治療費を出し、死亡した者へは弔《とむら》い金《きん》として三両を与えることなどだった。(11)

## 山岡鉄舟が剣術の手ほどきをした

この幕末の時代に本行徳新河岸を含む本行徳村やその周辺の塩浜付村々がどのような対策を取ったのかは史料がない。ただ一つ、現在市川市湊新田《みなとしんでん》と市川市香取《かんどり》という行政区画の境界の湊新田側に「薩長様《さっちょうさま》」と敬称されて呼ばれた松原家があったと郷土史家の遠藤正道《えんどうしょうどう》氏が指摘している。(12)

この家は水路を挟んで（水路はいまは道路）香取《かんどり》神社と向かい合っていた。幕末不穏な時代、松原家は剣術道場を開いて地元の子弟を鍛え、幕府に楯突《たてつ》く不穏分子《ふおんぶんし》や不埒《ふらち》な輩《やから》に対抗する勢力を築こうとしていたに違いない。郷土を愛する人物と言える。この道場にはもと幕臣の山岡鉄舟《やまおかてっしゅう》が再三来ていたとされ、当時の松原家の当主愛之進氏が鉄舟の手ほどきで稽古をしていたという。

余談になるが明治元年（一八六八）閏《うるう》四月三日、明治政府軍と旧幕府軍が市川・船橋方面で戦闘、これを戊辰《ぼしん》戦争（市川・船橋戦争）という。この時、香取神社に官軍が一〇〇名余駐屯した。市川の戊辰戦争では、初めは旧幕府軍が優勢で官軍は行徳方面へ散り散りになって逃げてきたのを駐屯《ちゅうとん》していた官軍が助けた。この時の行徳の住民は、荷物を片付け、畳や家具を取り払い、空き家にして逃げている。

## いち早く本行徳に取締所を設置

明治元年（一八六八）閏四月一三日、関東取締出役が廃止され、在方《ざいかた》（村々）取締りは旧幕府代官所で取り扱うことにされた。旧幕府時代の治安維持方法が踏襲《とうしゅう》されたことになる。

明治四年（一八七一）一二月九日、（印旛《いんば》）県庁を本行徳村徳願寺《とくがんじ》に仮設した。県庁を本行徳村に置いたのである。ついで明治五年一月二九日、本行徳村に取締所を設置、出火・盗難・検死及び送入籍・逃亡あるいは遺失物拾得物などを取り締まった。

明治九年（一八七六）、本行徳に民費で巡査を置いた。このことの意味は極めて大きい。巡査を置かなければならない世情だったことと置くだけの資力があった証である。この時の費用は近傍各町村と組合を作って調達している。本行徳村のリーダーシップが目に見える様である。

明治一一年（一八七八）、千葉警察署の分署を本行徳三丁目の八幡《はちまん》神社入口に建物を建てて置く。現代のバス通りから本殿に向かって左側角地が分署跡地にあたる。明治三八年（一九〇五）には巡査部長派出所になった。

南行徳村（新井《あらい》・欠真間・湊新田・湊《みなと》・押切《おしきり》・伊勢宿《いせじゅく》）については明治二二年（一八八九）、初めて船橋警察署南行徳村巡査駐在所が巡査定員一名で置かれ、それとは別に江戸川水上取締のため欠真間に南行徳村水上派出所を置いた。(13) 水上派出所については窃盗や強盗など罪を犯した人物が度々江戸川を泳いで逃げたり、船を盗んで東京へ逃走したからである。今井橋が架設されたのは大正元年（一九一二）で江戸川放水路は大正八年に竣工《しゅんこう》している。行徳橋（大正一〇年）はまだできていない。浦安橋（昭和一五年）もないから行徳と浦安は陸《りく》の孤島で、今井橋交番が設置されてからは橋を渡るのは警察官の監視があるから危険だ。後年になって行徳橋南詰に交番が設置されたのでこの二ヵ所を封鎖されれば逃走手段は船だけになる。水上派出所が必要だったのはここにある。

## 瀧政吉巡査は浦安の駐在所勤務

明治一一年に本行徳三丁目に千葉警察署の分署を設置した時に、浦安の堀江村《ほりえむら》と猫実村《ねこざねむら》に駐在所が設置された。(14) だから堀江と猫実の巡査は本行徳三丁目の分署から派遣された勤務だったとわかる。

当時の巡査の中に瀧政吉《たきせいきち》という人物がいた。この人は広島県出身だった。明治維新のあった時、瀧政吉は一四歳だった。立派に元服《げんぷく》できる年頃である。明治維新の時にこの人が広島にいたのか江戸にいたのかは定かでない。武士である父にしたがって官軍の一員として東海道を江戸に下ったのかも知れない。あるいは、江戸の藩邸に勤務する父の家にいたのかも知れない。

いずれにしても明治維新が成って武士が失業した時、瀧政吉は一四歳であり、明治一一年に二五歳になっていたのだが、その間の一一年間に瀧政吉は警察官に奉職したことになる。警察官になった経緯は不明である。(15)

明治一九年（一八八六）浦安でコレラが最初の大流行をした。この年、堀江村の真言宗宝城院《しんごんしゅうほうじょういん》内に堀江駐在所があり、猫実駐在所は真言宗華蔵院《けぞういん》内に設置されていた。瀧政吉巡査は堀江か猫実かどちらかに勤務していた。

## 二四時間の立番をして監視にあたった警察官

コレラは西洋の軍艦が出入りするようになって日本に伝染したインドの風土病《ふうどびょう》で、文政《ぶんせい》五年（一八二二）初めて日本で流行した。三日《みっか》コロリともいう。コレラは急性激烈な伝染病で、コレラ菌が口から侵入、小腸の上皮を侵して発症、発熱激しく、吐き、下痢になる。重症者は急に衰弱し、脱水により死に至る。

行徳地域での流行はいつも浦安地域から始まった。漁師町だったことが原因だった。

コレラ患者の出た家の軒下に赤紙を張る。赤の色は危険を知らせる色だった。家の周囲には荒縄を張り巡らせて人を近寄らせなかった。患者の家の周囲の家には青紙を張り付けて危険区域に指定して外部の人の出入りを禁止した。この時に警察官は二四時間の立番《たちばん》をして監視にあたった。また、監視区域の住民に白米を一日男四合、女三合、子供二合の割合で配給をして歩いた。(16)

明治の警察官の仕事はかくも危険で過酷なものだった。常に患者の至近距離にいた。瀧巡査は十数日間不眠不休の勤務に当たり、ついに罹病《りびょう》、コレラに罹《かか》ってたった五日間で急逝した。八月八日のことだった。三三歳だった。

瀧巡査の死を悼《いた》んで千葉県警部長以下十数人の警察幹部により「瀧政吉君之墓　千葉縣巡査瀧君墓表」が明治二〇年四月に千葉県市川市本塩《ほんしお》の浄土真宗《じょうどしんしゅう》法善寺《ほうぜんじ》境内《けいだい》に建立《こんりゅう》された。

## 明治一九年浦安のコレラによる死者二〇〇名余の惨状

筆者は平成二五年秋（二〇一三）、法善寺の住職さんを訪ねて瀧巡査の墓碑について講演のテーマとして扱うことの許しを乞うた。初めての公表だったが住職さんは快諾され、もう世間に公表してもいいでしょう、とおっしゃいました。(17) その時に瀧巡査の墓碑がなぜ法善寺にあるのかを話された。

瀧巡査はお西さんだったという。浄土真宗西本願寺派ということだ。筆者の菩提所《ぼだいしょ》が浄土真宗了《りょう》善寺《ぜんじ》でもあり、話は弾んだ。警察の分署が本行徳三丁目にあったことから法善寺に葬ったという。

瀧巡査が殉職した年の浦安のコレラによる死者は二〇〇名余になった。死者の火葬と埋葬が間に合わなかった。お寺の本堂その他の建物に何日も死体を放置した有様だった。次は明治二三年で死者三九名、同二八年は死者三五名、同四〇年患者五七名、死者三八名、大正五年（一九一六）患者三一名、死者二八名、同一四年、患者一八名、死者一六名だった。なお、行徳・船橋地方のコレラ患者は大正四年（一九一五）に一四五名、死者一〇六名という惨状だった。

## 伝染病舎を建設してコレラに対抗

浦安での流行の大きな原因は堀江と猫実の間を流れる境川《さかいがわ》の水を飲み水に使い、飯《めし》を炊《た》き、食器を洗うにも使用していたことにある。大潮の満潮ともなると境川の堤防を越して海水が住宅の床下に浸水し、引き潮になるとトイレなどの汚水を同時に境川へ引いて行った。

このような衛生状態を打開すべく昭和一二年（一九三七）七月三〇日、行徳・南行徳・浦安地域に上水道の供給が始まり、コレラその他の伝染病が激減した。

なお、現在の東京ベイ浦安・市川医療センターの前身の病院は、コレラなどの伝染病対策のために大正元年に建てられた浦安町・南行徳村組合立伝染病舎であり、地元では避病院《ひびょういん》と呼ばれ、後に葛《かつ》南《なん》病院、浦安・市川市民病院となった病院である。

## 治安と医療の基を築いた警察官

殉職した瀧政吉巡査の献身は、業務上の責任感だったのか、宗教上の信念だったのかは定かでないが、一人の青年の身を棄てた献身が今日の行徳地域の治安と医療の基を築いたと言って過言ではないのだろう。もって庶民の範とすべき士族の誉《ほま》れであろう。

豆知識

# 千葉県市川市本塩の浄土真宗西本願寺派仏性山法善寺にある顕彰碑

瀧政吉君之墓

千葉縣巡査瀧君墓表

君名政吉瀧氏廣島縣人為千葉縣巡査服務弗懈明治十九年夏秋之交悪疫為虐東葛飾郡瀬海最極惨毒時君駐在木行徳分署従事検疫日夜拮据不遑眠食者十数日遂染疫病五日乃没實為八月八日其病也官賜治療費若干金警部長小林君親臨病蓐其没也官賜吊祭資若干金遺族扶助料若干金官長及僚友賻贈又若干金其葬也警部長以下送柩者数十人盖愍其死職而敬之也君没年三十三蔵骨行徳法善寺塋域同僚相謀建石表墓徴余撰文因叙其梗概如右

千葉縣書記官正六位勲六等岩佐為春篆額

東京藤田海撰文　千葉浅田讃蔵書

明治二十年四月建

（『市川市の石造物』）

墓表碑文についてお話しします。

瀧巡査は広島県人とわかります。法善寺のご住職さんのお話では、広島という所はお西さんのとても多い土地柄なんだそうです。その関係で法善寺さんに葬られたということです。亡くなったのは明治一九年（一八八六）八月八日で、その時三三歳ですので、明治維新の時には一四歳だったわけです。その当時の人としては立派な大人です。私は瀧巡査の出自は武士だと考えているのですが、もし武士だとしたら元服をして親にしたがって東海道を官軍の一員として江戸へ出てきたのでしょう。それとも江戸詰の武士の家族として江戸にいたのでしょうか。いずれにしても武士階級はなくなりましたので、警察官とか軍人に転身した人が多かった時代です。

（中略）

見舞金が官と僚友から出されています。遺族扶助料としています。階級の一番下の巡査だった者に対して、この当時としては破格の扱いと言っていいと思います。

瀧巡査の柩《ひつぎ》を見送った警察官は警部長以下数十人と刻まれています。法善寺の墓域に同僚が相談して顕彰碑を建てました。（後略）

（『郷土読本 行徳の歴史・文化の探訪3』所収「コレラが流行して江戸川の水を飲んだ話」）

## 【注】

（1）村役人。江戸時代、郡代または代官の支配下にあって各村の民政に当った公吏《こうり》。村方三役。江戸時代、郡代・代官の支配下に、幕領各村の民政に従事した庄屋（名主）・組頭・百姓代の総称。幕領以外の村々にも同様の村役人がいた。地方《じかた》三役。（『広辞苑』第四版）

（2）名主。なぬし。みょうしゅ。江戸時代、郡代・代官の支配を受け、または大庄屋の下で一村内の民政をつかさどった役人。身分は百姓。主として関東地方での称で、関西では庄屋といい、北陸・東北では肝煎《きもいり》といった。里正。

年寄。江戸時代、町村で住民の長であった役名。

組頭。江戸時代、名主をたすけて村の事務を取り扱った者。

百姓代。江戸時代、郡代・代官の支配下に幕府領地の民政に当った役。名主・組頭とともに村方三役の一。（『広辞苑』第四版）

（3）一、川岸番所。同船会所。寛永《かんえい》九壬申年《みずのえさるのとし》（一六三二）、伊奈半十郎様御支配の節、江戸小網《えどこあみ》町《ちょう》迄水上三里舟渡被仰付《すいじょうさんりふねわたしおおせつけられ》、并《ならび》に御伝馬駄賃人足相定《おてんまだちんにんそくあいさだ》まる。当年迄一八一〇年まで）凡《およそ》百七十八年に及ぶ。（『葛飾誌略』刊行の

（4）三《み》つ道具御免。寛永十一年戌《いぬ》（一六三四）九月十七日、三ツ橋十郎左衛門殿知行《ちぎょう》同国芝田村旅宿七郎兵衛方へ夜盗入り、翌十八日の朝当所船場にて二人召捕《めしと》らる。伊奈半左衛門様の時なり。御褒美として銀三枚、下し置かれる。この時より御免に相成候《あいなりそうろう》。（『葛飾誌略』）

（5）一、新川岸《しんかわぎし》。川場也。元禄《げんろく》三庚午年《かのえうまのとし》（一六九〇）此所《このところ》へ移る。故に新川岸といふ。南側に

宿屋十余軒、此内《このうち》亀屋は僧侶宿《そうりょやど》なり。山口屋は木賃宿《きちんやど》也。

宿取りて塩浜見に行く春日哉《かな》　祖風。祐天僧正《ゆうてんそうじょう》未《いま》だ所化《しょけ》の頃に、妙典辺《みょうでんあたり》にて吹雪《ふぶき》に手足寒く、道路に倒れたるを、亀屋主人宅へ伴《ともな》ひ介抱せしと。此故《このゆえ》に、生實大巌寺《おゆみだいがんじ》通行に亀屋旅館也。新河岸より九日市《ここのかいち》迄四千百六十六間（約七五八二メートル）、此《これ》七十七丁《ちょう》と二十六間《けん》也。

（『葛飾誌略』）

(6) 一、舟渡し。百姓渡し也。昔は篠崎村《しのざきむら》にて舟渡《ふねわた》したり。近年（一八一〇年から見て近年）、川原村へ頼む。此渡し、旅人は禁制也。舟会所より人を付け、旅人の往来を禁ず。（『葛飾誌略』）

(7) 定《さだめ》

一、定船場《じょうせんば》之外《のほか》、脇にて猥《みだり》に往還之もの不レ可レ渡事《わたすべからずの》

（河原の渡しと今井の渡しは定船場に指定されていないので旅人渡しは禁制である）

一、女人《にょにん》手負其外不審成《なる》者、何れ之船場にても留置《とどめおき》、早々到二江戸一可二申上一候《えどにいたりもうしあげるべく》。但し、酒井備《さかいびん》後守《ごのかみ》手形於レ有レ之《てがたこれあるにおいて》は無二異儀一可レ通《いぎなくとおすべき》事。

一、隣郷里負不レ苦《くるしからず》者は、其所之給人又其代官の手形を以可二相通一《もってあいとおすべき》事。

一、酒井備後守手形雖レ有レ之《これあるといえども》、本船場《ほんふなば》之外、女子手負又は不審成《なる》者一切不レ可レ通《とおすべからず》事

（本船場とは本行徳新河岸のこと）

一、惣別江戸へ罷越者《まかりこすもの》は不レ及レ断《ことわるにおよばざる》事。

右の条々於二相背族一《あいそむくやからにおいて》は、可レ被二厳科處一《げんかにしょさるべき》者《もの》也。

元和《げんな》二辰《たつ》（一六一六）八月　日

対馬守《つしまのかみ》

備後守

（『葛飾誌略』）

（8）『行徳歴史街道2』所収「ねね塚と首切り地蔵」

（9）一、桀場《はりつけば》。此渡下一丁許《したいっちょうばかり》（約一〇九メートル）いま字《あざ》のやうに成れり（この渡しとは今井の渡しのこと）。此由緒を尋ぬるに、正保元甲申年《しょうほうがんきのえさるのとし》（一六四四）、生實《おゆみ》の城主森川半彌《もりかわはんや》様御家来男女二人 久三郎とイネ 駆落《かけお》ち、此川を舟越えす。船頭両人鎌田村《かまだむら》某当村某、此両人法外の価を取り船を渡したり。尤《もっと》も渡船《とせん》にては越さずと雖も、渡し場見懲《みこ》らしめのため御仕置被成《なされ》、男女両人船頭両人共、幷《ならび》に当村某が女房、共に五人同罪になり、村方三人は菩提所へ引取り葬る。両人は此所へ埋む。印には石地蔵を立て、ね、塚といへり。何れの頃か洪水に川へ埋れたりと。云々。（後略）（『葛飾誌略』）

（10）『市川市史』第六巻上所収「万延《まんえん》二酉年浪士徒党取極儀定帳《とりどしろうしととうとりきめぎていちょう》二月　日」

（11）『市川市史』第六巻上所収「元治《げんじ》元年浪士《ろうし》徒党防禦取極議定帳子《ととうぼうぎょとりきめぎていちょうね》八月　日　迎米《げいまい》」

（12）『葛飾風土史　川と村と人』

（13）『千葉県東葛飾郡誌（復刻版）』

（14）『浦安町誌 上』

（15）『郷土読本 行徳の歴史・文化の探訪3』所収「コレラが流行して江戸川の水を飲んだ話」

（16）『浦安町誌 上』

（17）瀧巡査の墓表については、平成二七年（二〇一五）八月六日に初めて行徳警察署長ほか行徳警察署警友会・友の会などの関係者による墓参が行われた。以後毎年墓参が行われるようになった。

# 欠真間村は南行徳の母村

## 未開の荒野だった欠真間の地

欠真間村《かけままむら》は江戸時代大きな村だった。ただし、大きいという意味は土地が広かったことを指す。現在地名で示せば、市川市湊《みなと》、湊新田《みなとしんでん》、香取《かんどり》一丁目、欠真間一丁目、相之川《あいのかわ》一丁目である。[1] そこは欠真間村の旧地であり、その面積には塩田開発のために開拓された土地（新地）を含まない。

戦国時代末期、徳川家康《とくがわいえやす》が行徳を天領とした時、それは天正《てんしょう》一八年（一五九〇）八月まで遡《さかのぼ》ることができるのだが、その時代、欠真間と呼ばれた地は未開の荒野《こうや》だった。

それは文字通りの荒野と言える。第一に「街道」と呼ばれるものがない。第二に江戸と結ぶ通船の便がない。第三に本行徳《ほんぎょうとく》などのような「塩焼稼業《しおやきかぎょう》」という産業」がない。第四に「農地」と呼べるような土地がいくらもない。

南東向きの村の正面の東京湾からは海風と波しぶきが襲い、背後は度々の洪水で浸食された自然堤防の崖《がけ》（ままという）がある細長い土地だった。欠真間と呼ぶにふさわしい。

そもそも欠真間と名付けられた時代さえもいつのことなのか定かでない。真間とは「まま」で、それは崖を意味し、ほとんど垂直な傾斜地のことだ。(2)一説には欠真間の地名は度重なる洪水により国府《こうの》台《だい》の崖が崩れ、その土砂が堆積した場所だからだという。(3)あるいは、上流からのさまざまなものが堆積し、流れに洗われ、標高一〜二メートルの岸辺がえぐられて崖状になったものだから欠真間というのだという。国府台の真間とはかかわりがないともいう。(4)

## 欠真間村の海岸線はおよそ二〇〇〇メートル

そんな欠真間の地を、徳川家康が東金《とうがね》への鷹狩《たかがり》の途次《とじ》、今井《いまい》の渡しを渡り、東京湾の汐風《しおかぜ》と波しぶきが打ち付ける海岸沿いにあった浜堤《はまつつみ》（お成《な》り道）を進んだ。なお、その当時の今井の渡しは欠真間村を通過して本行徳へ向かう旅人などを渡す渡しではなかった。そのための渡しは上流に河原《かわら》の渡しがある。

今井の渡しとは、江戸の浅草《あさくさ》と今井を結ぶ津《わたり》であり、(5)浦安市の当代島村《とうだいじまむら》の農民が東京都江戸川区の当代島村とを行き来する農業渡しに過ぎなかった。(6)これは後年に内匠堀《たくみぼり》を開削《かいさく》することになる田中《たなか》内匠《たくみ》が開発し実権を握っていたものだ。今井の渡しが幕府公認の渡しになるのは寛永《かんえい》八年（一六三一）になるまで待たねばならなかった。(7)欠真間村が開発されたからだ。

徳川家康が、現在の市川市湊と押切《おしきり》の行政境《ぎょうせいざかい》まで鷹狩のために軍勢を進めた距離は、今井の渡しからおよそ二〇〇〇メートルである。東京湾を前面に臨んだこれほどに長い海岸線を持つ村は行徳には他にない。そのような形状の海岸線は塩浜を開拓するには絶好の立地と判断した人たちがいた。徳川家康の家臣たちである。ただ、欠点が一つあり、それは決定的なものだった。海水がいかにも薄塩《うすじお》なのである。

## 江戸川河口を締め切って流れを変えた

家康が行徳を通過した時代には、古《いにしえ》から太日川《ふとゐがわ》と言われた江戸川の河口は市川市湊と市川市本行徳の間にあった。川幅およそ五〇〇メートルである。現在の旧江戸川と呼ばれる浦安市方向への川筋は、元和《げんな》年間（一六一五〜一六二三）に公命《こうめい》をもって開かれた(8)。

その時に、旧河口は川側と海側の二本の堤防で閉め切られた。水が流れていた部分は埋め立てられて、関ヶ島《せきがしま》、伊勢宿《いせじゅく》、押切と名付けられた土地が出現した。もちろん、関ヶ島は昔からそこにあった島なのだが、埋め立てによって土地面積が広くなった。なお、その時の締切《しめきり》堤防跡地は伊勢宿付近のものは高畑《たかばたけ》（たかっぱたけ）と呼ばれ、押切付近のものは長山《ながやま》と言われていた(9)。江戸川側（つまり今の旧江戸川側）の締切堤防跡地の一部は現在の行徳街道がそれであり、いまは本八幡《もとやわた》からのバス通りになっている。

## 東京湾の塩分濃度とは

薄塩ということについては、通常の東京湾の塩分濃度は、現在の江戸川河口で千分の一八・二、沖合で千分の二二・六六であり、日本近海の塩分は普通千分の三三から千分の三五とされる。単位は一リットルにつき三五グラムなどの意味になる。

現在の江戸川河口の塩分濃度が比較的に高いのは、京成《けいせい》トランジットバス行徳橋南詰下車《みなみづめげしゃ》、江戸川放水路土手を江戸川区方向へ進むと江戸川水門（通称、篠崎《しのざき》水門）があり、ここで真水《まみず》の水量調節をしているからである。海水の遡上《そじょう》を押しとどめ、水道用水と工業用水を確保している。

江戸時代初期の欠真間地先の海水が薄塩である原因は、江戸川からの真水の流入であり、東京湾の海流が本行徳方向から浦安方向へ流れることにもあった。本行徳よりも南側の海岸、つまり、江戸川の下流方向の村々は塩焼をしたとしても大量生産はとても無理だった。自分使い用程度しか採れなかったのだ。それでは塩年貢《しおねんぐ》を徴収できない。また、軍用として、あるいは江戸の武家町家の日用塩《にちようえん》としても不足する。江戸の人口は急増することが予測できたからだ。

## 塩の増産をはかる大号令

徳川家康は二つの手段を実行する。第一は戦国時代から行徳七浜《ななはま》と呼ばれ、豊臣秀吉によって滅びた小田原《おだわら》の北条《ほうじょう》氏へ塩年貢を納めていた七つの村々の塩浜を再開発して塩の増産を図った。これは文書が遺っていて『市川市史』第六巻上に収録された「行徳領塩浜由来書」の中に妙典村《みょうでんむら》治郎右衛《じろうう》門《え》に宛《もん》てた新塩浜開発書付《しんしおはまかいはつかきつけ》がある。五年間は諸役《しょやく》を免除し、その後は生産高の十分の一を納めるようにとの内容である。慶長《けいちょう》元年（一五九六）正月晦日《みそか》付である。(10) 家康が行徳を天領《てんりょう》とした六年後のことである。誰が見ても塩が不足することが明らかになったのである。そこで増産の大号令をかけた。しかし、これだけではとても足りなかった。

もう一つの施策は江戸川河口の付け替え工事である。このことはあまり知られていない。工事の施工方法や時期などは『葛飾風土史　川と村と人』に詳しい。著者の遠藤正道《えんどうしょうどう》氏の労作である。

この江戸川河口の付け替え工事の竣工時期は寛永年間（一六二四～一六四三）とされる（『葛飾記』）。具体的には寛永二年頃と推測されている（『葛飾風土史　川と村と人』）。理由は寛永六年（一六二九）に最初の塩浜検地《けんち》（古検《こけん》）が実施されたからである。検地ができるだけの体裁が整ったのである。

## 欠真間村を分村して湊村とした

古検実施の時、一つの村ができた。湊村である。欠真間村の一部を分村《ぶんそん》した。『葛飾記』では、寛永年間（一六二四～一六四三）、寺社地方《じしゃじかた》御改《おあらた》め御吟味《ごぎんみ》の節《せつ》の由《よし》、としている。

湊村という村名の由来は、湊村地先の沖合が古代から都《みやこ》や鎌倉《かまくら》からの大船が停泊する「湊」だったことによる。ただ停泊するだけでは湊とは呼ばれない。古はその船の上で積み荷の売買がされた。荷は常州《じょうしゅう》、銚子《ちょうし》、上下野州《かみしもやしゅう》、奥州《おうしゅう》、下総《しもうさ》各地に高瀬舟《たかせぶね》に積み替えられて運送された。

湊村と正式に村名が決められて塩浜年貢が課せられたのは寛永六年だが、実質的な「湊村」はそれ以前からあったに違いない。それは本行徳村がいかにも手狭だからである。本行徳村は戦国時代から小田原北条氏への塩年貢の積み出しの津《つ》である。(11)

行徳七浜からの年貢塩はすべて本行徳村へ集積され積み出された。本行徳村は古代から中世にかけて国府台にあった下総国府《しもうさこくふ》の国府津《こうづ》だったから、(12)倉庫、事務所、馬小屋、商人宿、食事処、旅籠《はたご》などがあり、塩焼をする百姓や働く人々で賑わっていたと思う。ただし、以上のことを記した史料がない。だから、本行徳村の対岸の地（その後の湊村の位置）の沖合に停泊する大船に積む荷物を集積する倉庫群があったに違いないのだ。であれば、人が集まり、作業をし、差配《さはい》する人がいたはずだ。それはすでに村の体裁を整えていたと思える。

村の体裁と言えば、天文《てんぶん》二二年（一五五三）に浄土宗法伝寺《じょうどしゅうほうでんじ》、永禄《えいろく》三年（一五六〇）に真言宗《しんごんしゅう》圓明院《えんみょういん》がのちに湊村となる場所にすでに建立《こんりゅう》されてあった。この地には二つの寺を維持するだけの資力が六九年も前の頃までにすでに備わっていたのだ。なお、寛永二年（一六二五）に浄土宗善照《ぜんしょう》寺《じ》がこの地に建立されるから、湊村と名付けられた寛永六年（一六二九）には寺が三ケ寺もあったことになる。欠真間村から湊村が分村されるだけの体裁は十分に整っていたと言える。

## 河跡塩宜しからずの所の言い伝え

寛永二年頃（一六二五）江戸川河口の締切工事が竣工し、湊村と名付けられた陸地の海岸で塩焼が本格的にできるようになった。真水が直接流入せず、沖合の塩分濃度が高まったからである。ただし『葛飾記』に、塩浜場面にも、河跡塩宜《かわあとしおよろ》しからずの所と慥《たし》かに言い伝えがあった、とされる。江戸時代中期になってさえも、かつての河跡のために地下水脈があり、毛細管現象《もうさいかんげんしょう》で湧き出る塩水《しおみず》が不安定だったことが推測できる。

寛永六年の古検での湊村の塩浜年貢永《しおはまねんぐえい》は三八貫《かん》三一七文《もん》で、換算すると三八両《りょう》一朱《しゅ》と銭《ぜに》二六八文だが、五分の一は現物の塩一五二俵（塩納《えんのう》）で納めている。この時に湊村を分村した本村《ほんそん》である欠真間村は永五二貫八九四文だった。湊村と欠真間村を合せると永九一貫二一一文になる。この年貢永は本行徳村永一七二貫九二一文と妙典村永一二五貫三九二文に次ぐ額である。年貢永の額から見るとそれなりに人口も多い大きな村に発展していたと言える。寛永の時代にはすでに塩の生産を維持できるほどの人と家と物資の集中があったのである。

## 塩浜年貢は税率一五％ほどになる

行徳七浜と呼ばれた本行徳・河原・大和田《おおわだ》・稲荷木《とうかぎ》・田尻《たじり》・高谷《こうや》・妙典の村々の年貢永の合計は四

一三貫三二八文で、塩浜一六ケ村全体の年貢永六〇四貫八六七文の六三・八％である。江戸川河口を締め切って浦安方向へ流れを変えたことにより、新たに永一九一貫五三九文の年貢が徴収できるようになったわけだ。

行徳塩浜での年貢永は『市川市史』第二巻の資料により計算すると税率一五％ほどと推定できる。[13]したがって行徳七浜以外の新規の塩浜での塩の生産高の総数は二万五五三八俵《ひょう》ほどと計算できる。永一貫で塩二〇俵の換算で計算した。行徳塩浜一六ケ村全体の塩生産高はおよそ八万五三三俵であり、約四万石《ごく》である（塩俵《しおだわら》は一俵五斗《と》入り）。生産高は江戸時代を通じて少しずつ減っていく。

江戸川の変流工事は軍用第一とされた塩の増産策として行われたが、この工事の一部始終を見ていた万海《まんかい》という行人《ぎょうにん》がいた。万海は湊の地が都からの大船や鎌倉往行《おうこう》の船の通路だったことを惜しみ、このことを末世《まっせ》へ伝えるよう遺言《いごん》した。[14]万海の墳《ふん》は海より川への入口の畠にあったが、享保《きょうほう》の時代（一七一六〜一七三五）に現在の行徳駅前公園付近へ遷《うつ》された。昭和四〇年代（一九六五〜）に土地区画整理が実施されるまで、ここに行人という字地《あざち》があった。[15]行人とは万海のことである。

## 元禄年間に湊新田が立村した

元禄《げんろく》一五年（一七〇二）八月、徳川幕府は塩浜検地を実施、これを新検《しんけん》という。この時に新たに湊新田に年貢永が課せられた。そもそも湊新田は元禄年間に一村になったという。[16]しかし、「新田」で

塩浜年貢永の推移

| 村＼年 | 寛永6年(1629) | 元禄15年(1702) | 延享元年(1744) | 延享3年(1746) | 文化末カ(1817カ) |
|---|---|---|---|---|---|
| | 永貫文 | 永貫文 | 永貫文 | 永貫文 | 永貫文 |
| 本行徳村 | 172.921 | 101.650.1 | 64.822.7 | 70.167.4 | 26.319.6 |
| 上妙典村 | 125.392 | 50.240.7 | 26.116 | 23.421.7 | 30.242.4 |
| 下妙典村 | | 102.661.2 | 38.244.6 | 37.261.3 | |
| 高谷　村 | 53.585 | 28.133.8 | 22.346 | 21.534 | 17.811.5 |
| 押切　村 | 29.400 | 38.676 | 26.803.6 | 28.112.3 | 12.680 |
| 欠真間村 | 52.894 | 77.830 | 42.698.4 | 43.034.9 | 33.779 |
| 湊　　村 | 38.317 | 32.714 | 18.849.5 | 20.617.2 | 11.515.8 |
| 田尻　村 | 34.989 | 24.817 | 17.926.2 | 16.672.6 | 4.825.9 |
| 河原　村 | 20.677 | 7.942.9 | 4.492.5 | 4.941.7 | 1.439.5 |
| 新井　村 | 17.631 | 24.872 | 14.830.5 | 14.497.1 | 3.071.5 |
| 関ケ島村 | 14.115 | 9.466.7 | 8.594 | 8.594 | 3.521.6 |
| 下新宿村 | 1.301 | 0.300 | 0.300 | 0.330 | ―― |
| 稲荷木村 | 16.190 | ―― | ―― | ―― | ―― |
| 大和田村 | 5.764 | ―― | ―― | ―― | ―― |
| 当代島村 | 3.850 | ―― | ―― | ―― | ―― |
| 前野　村 | 2.271 | ―― | ―― | ―― | ―― |
| 湊新田村 | ―― | 16.766 | 9.797.9 | 9.982.1 | 4.958.8 |
| 原木　村 | ―― | 14.680.8 | 8.703 | 10.455 | 9.793.2 |
| 伊勢宿村 | 15.570 | 13.272 | 12.511.8 | 12.587.1 | 4.730.4 |
| 二俣　村 | ―― | 8.474.4 | 4.209 | 4.851.9 | 3.726.3 |
| 西海神 | ―― | ―― | ―― | ―― | 4.214.2 |
| 加藤新田 | ―― | ―― | ―― | ―― | 1.106.3 |
| 計 | 永貫文 604.867 | 永貫文 507.453.1 | 永貫文 321.290.7 | 永貫文 327.030.3 | 永貫文 163.742 |

（「市川市史」より）

はないとする。地誌《ちし》では「故《ゆえ》ありて一村と成《な》り、公儀へ新湊村と書上げし也《なり》」としている。何があったのかいまでは何もわからない。「故ありて」の記述は多くの推測を生む。

欠真間村の一部を分けて新湊村としたのか、湊村を分村したのかは詳《つまび》らかでない。(17) いずれにしても新湊村として誕生したのだが、新検では湊新田として課税された。(18)

ただ、前野村《まえのむら》という村が古検の時に永二貫二七一文を課税されているが、この村は現在の東京都江戸川区内の村である。江戸時代初期にはすでに行徳塩浜での塩焼稼業に従事していたことがわかる。この村は新検の時に塩浜永免除となる。前野村は葛西領《かさいりょう》につき不勝手故当時《ふかってゆえとうじ》湊新田分《みなとしんでんぶん》に含まれていたとする（『塩浜由来書《しおはまゆらいしょ》』）。以来、前野村の名は消え、代わって湊新田の名が登場する。

かつて市川市湊と江戸川区を結んだ渡しに前野渡しがあった。江戸時代はこれは百姓渡しで旅人は渡さなかった。御法度《ごはっと》である。前野村や鎌田村《かまだむら》から百姓が塩浜稼《しおはまかせ》ぎのために渡った。これが塩田を「所有」しての稼ぎだったのかどうかは定かではない。史料がないからである。しかし、文化《ぶんか》七年（一八一〇）当時にも、湊村に前野分という「所《ところ》」があったとされる。(19) これは前掲の『塩浜由来書』の湊新田分に含むという記述と相違するのだが、いずれにしても江戸時代後期になっても前野村の百姓が塩浜稼ぎに渡しを使っていたことは知られていた。

## 市川市へ合併編入の時に大字に昇格

欠真間村は大きな村であるがゆえに、その内では常に分村の話題はあった。江戸時代、文化七年（一八一〇）頃でさえも、いや、それ以前からであろうが、欠真間村の字地に過ぎなかった香取と相之川はすでに一村として扱われていた。(20) この当時すでに湊・湊新田は欠真間村から分離されていたから、香取、相之川の分村の圧力というものはあったに違いない。すでに字《あざ》香取には古からの香取《かんどり》神社と源心寺《げんしんじ》があり、字相之川には日枝《ひえ》神社と了善寺《りょうぜんじ》がある。村としての体裁は整っている。しかし、明治・大正・昭和の時代でさえも香取と相之川は単なる欠真間村の字地であり大字《おおあざ》に昇格することはなかった。

香取と相之川が独立した行政区域となったのは昭和三一年（一九五六）一〇月一日に南行徳町が市川市に合併編入となった時のことである。南行徳町側が合併条件の一つとして、(21) 島尻《しまじり》、相之川、香取の大字への昇格を熱望したからだ。この時から市川市相之川などと呼ばれるようになった。それまでは南行徳町大字欠真間字相之川と住民票にあった。単なる字だった。

現在の欠真間は旧道沿いの一丁目と浦安・市川バイパスの北西側の二丁目の区域だけになっている。しかし、福栄一丁目・同三～四丁目、相之川四丁目の一部、南行徳一丁目・二丁目の一部も旧欠真間村の地所《じしょ》だった。土地区画整理で新町名になったのだ。

## 欠真間村の出村だった新井村

徳川家康が今井の渡しを渡って欠真間を通過したのはいまから四〇〇年以上も昔のことだが、その頃の欠真間は荒れ果てた未開の地だった。ここには標高四メートルほどの所もあり、崖、谷、沢があり、潮入りの芦地《あしち》もあった。欠真間の旧地で明治維新頃だろうか、屋敷の隅に井戸を掘ったところ、地下四〜五メートルのところから芽を持った葭《よし》の根茎《ねぐき》がたくさん出た。(22)

欠真間の地に住みついていた人たちは房州《ぼうしゅう》の里見方《さとみがた》の人と北条方《ほうじょうがた》の人がいた。誤解のないように記すと、その人たちは国府台合戦（第一次は天文七年〈一五三八〉、第二次は永禄七年〈一五六四〉）の時の落ち武者とした方が理解しやすい。豊臣秀吉によって滅ぼされた北条氏の武士や徳川幕府によって改易《かいえき》された里見氏の武士、関ヶ原の戦いの落ち武者などは、徳川家康が欠真間を通過した時代にはまだここに現れていない。時代が違うのだ。本行徳地域に移住してきた関ヶ原の落ち武者よりももっと早い時代だ。

したがって、家康が行徳を天領とした時の行徳塩浜を語る時に、現在の関ヶ島・伊勢宿・押切・湊・湊新田・香取・欠真間・相之川（湊以下は旧欠真間）・新井《あらい》の地を、本行徳など行徳七浜と呼ばれていた地と同等に語ることはできない。もともとの由緒が違うのだ。なお、すでに独立していた新井村も中世以来欠真間村の出村《でむら》だった。(23)

## 本行徳村に国府津があった

本行徳村は地先の海上に国府台にあった下総国府の国府津を抱えていた。都からの大船が着き、鎌倉からの積替え船が停泊していた。村内には倉庫群があり、船着き場があり、馬小屋があった。陸送のための設備があったのである。村の海岸縁《べり》の砂浜近くには北条氏に許可され庇護《ひご》された寺が海岸沿い（後年の権現道沿《ごんげんみち》い）に一列に配されていた。上流から記せば、法泉寺《ほうせんじ》、妙覚寺《みょうかくじ》、円頓寺《えんとんじ》、正讃寺《しょうさんじ》、本久寺《ほんきゅうじ》、本応寺《ほんおうじ》、信楽寺《しんぎょうじ》、教善寺《きょうぜんじ》（のちの教信寺《きょうしんじ》）の八ケ寺である。(24)

当時、本行徳村と河原村、妙典村に囲まれた内海では塩焼が盛んに行なわれていた。塩年貢は北条氏へ納めていた。

元亀《げんき》元年（一五七〇）には、行徳という土地が川向こうの本行徳中洲《なかす》の地からこちら側へ移された。(25)

本行徳村は当時の江戸川の最も下流の河口に位置する村だった。江戸川河口の中央に関ヶ島があり、その対岸は欠真間と呼ばれている荒れ地ばかりだった。

## 物流を水運に変更した

徳川家康、秀忠《ひでただ》、家光《いえみつ》の徳川三代は本行徳村を行徳領支配の要の村として庇護し支配した。唯一最大の産業として、軍用第一の産業として、塩田開発に総力を注いだ。行徳七浜の増産策と江戸川河口の付け替え工事、本行徳村より下流域での塩田開発である。

元和元年（一六一五）五月、大坂夏の陣で豊臣家が滅びると、翌年、行徳地域での物流再編事業に乗り出す。定船場《じょうせんば》以外で渡しなどを禁止する「定《さだめ》」を出す。江戸川の渡しでの旅人渡しを禁止した。また、塩その他の産物の渡しもできなくなった。行徳から江戸への物流は舟運《しゅううん》に定められた。古より利用されていた河原の渡しの利権は取り上げられたと言える。関東奥地への輸送は高瀬船を使うようになった。

## 行徳船、成田山参詣客などと関係なく独自の文化を築く

寛永一二年（一六三五）、塩浜一五ケ村（前野村を除く）の塩垂百姓《しおだれびゃくしょう》は本行徳中洲にあった神明《しんめい》社《しゃ》を本行徳（一丁目）の現在地に遷座《せんざ》した。(26) 徳川幕府は行徳塩浜の総鎮守《そうちんじゅ》として遷すことを許可したのである。

古来の神明社の御塩浜《みしおはま》として行徳七浜の格式を、新塩浜である他の八ケ村にも与えたのである。本行徳村を含む旧行徳七浜としても、新興の塩田経営者たちに神明社の御塩を生産しているという意識を持たせたかったようだが、そのことは必ずしも成功したとは思えない。

本行徳村から下流域の村々は塩田経営と将来的には米作りとの兼業であり、行徳船《ぎょうとくぶね》、成田山《なりたさん》参詣客、その他の旅人往来などの恩恵をまったく受けることがなく、本行徳村などとは違った独自の文化

を築いていく。

それは江戸川河口が関ヶ島を挟んだ地域にあった時代に、新井村（欠真間村の出村）を含む広大なエリア（行徳地域最大）が「欠真間」として認知され、村名ともなり、のちに南行徳町として発展する地域の住民の意識が伝承されたからだと言えるだろう。欠真間村は南行徳の母村《ぼそん》とも言える存在だからである。

豆知識

## 南行徳村村誌《そんし》

（総説）

本村《ほんそん》は（東葛飾《ひがしかつしか》）郡《ぐん》の南端に位《くらい》し、東北は行徳町に、南西は浦安町に隣《となれ》り、北西は江戸川を隔てて東京府下《とうきょうふか》南葛飾郡《みなみかつしかぐん》に対し、南東は東京湾に面せり。新井、欠真間、湊新田、湊、押切の五大字より成り、東西二十三町三十三間三尺、南北十七町六間五尺、面積〇、三方里強。戸数六百五十九、人口四千十八あり、地勢平坦江戸川北西を流れ、東京湾南東を限る、而《しこう》して耕地その間にありて、溝渠貫通《こうきょかんつう》す、故に灌漑《かんがい》の便あれども、洪水海嘯《こうずいかいしょう》の災《わざわい》を免れず。県道は浦安町及び行徳町に通じ、又江戸川橋（現今井橋）を経て東京府下に通ず。

（沿革）

本村は上古海湾の寄洲《よりす》が漸次填積《ぜんじてんせき》して陸地を形成せしものの如《ごと》し、されば地下一、二尺にして貝殻層を存せり。

足利《あしかが》時代に至《いた》りて関東の管領《かんれい》その家臣吉田佐太郎《よしださたろう》を代官《だいかん》として、当地に居住し付近の地を支配せしめしが、四方より移住民漸次加わり、殊《こと》に鴻之臺《こうのだい》戦争時代には、真間付近の住民戦乱のため塗炭《とたん》に苦しむるもの、次第に来住し村落をなせしことは疑いなきものの如し。

(往古《おうこ》真間の一部洪水のため崩歓《ほうけつ》して当地を成せり、故に欠真間といふとの伝説は蓋《がい》し同地方住民の一部が移住せしことにやあらん、他にもこの種の例多し。彼のスサノウの尊《みこと》が新羅《しらぎ》の一部を出雲《いずも》の半島と引き寄せたりしとの記にも似通《にかよ》へり、）天文中後北条氏《てんぶんちゅうごほうじょう》この地を領し、後《の》ち徳川氏の直轄となり、御領所《ごりょうしょ》と称せしが、明治に至り小菅県印旛県《こすげけんいんばけん》等の所属を経て、同六年千葉県管下《かんか》となり、七年第十二大区一小区、九年第十一大区、十九区を経、同十一年東葛飾郡所属となれり。当時欠真間、新井、当代島の三村と湊新田、湊、押切、伊勢宿の四ケ村とは各別の戸長役場《こちょうやくば》に隷《れい》し、同十七年現今《げんこん》の五大字を合し一戸長役場を置き、同二十二年南行徳村と称するに至れり。

(官公署)

南行徳村役場

本村役場は明治二十二年五月町村制施行以前に於いては欠真間外にて村戸長役場及び湊外三ケ村戸長役場に分離せられ、役場所在地は前者にありては現今の欠真間字相之川に、後者にありては現今の湊部落に設置せられ、これが行政区域は欠真間外二ケ村、戸長役場は現今に於ける南行徳村大字欠真間、新井及び浦安町の一部当代島を管轄し、湊外三ケ村戸長役場は現今に於ける南行徳村大字湊、湊新田、押切及び行徳町の一部たる大字伊勢宿を管轄したりしも、自治制施行と同時にこれら行政管轄の変更により、当代島は浦安町に伊勢宿は行徳町に何れも併合せられ、残る五部落は合併して即ち五部落一村の南行徳村を組織し以て今日に至れり。

歴代村長の氏名及びその就職退職年月日

| 氏名 | 就職年月日 | 退職年月日 |
|---|---|---|
| 川合七左衛門《かわいしちざえもん》 | 明治二十二年五月十一日 | 同三十年五月十日 |
| 小川六郎 | 同三十年五月十一日 | 同三十四年五月十日 |
| 田中忠右衛門 | 同三十四年五月十一日 | 大正六年六月一日 |
| 近藤喜八《こんどうきはち》 | 大正六年六月二日 | 大正九年一月二十四日 |
| 小川貞吉 | 大正九年三月九日 | 現任 |

船橋警察署南行徳村巡査駐在所

明治三十二年初めて巡査駐在所を置き、巡査定員一にして又別に江戸川水上取締のため、欠真間に南行徳村水上派出所あり。

（後略）

（『千葉県東葛飾郡誌　復刻版』）

## 【注】

（1）行徳街道のバス通り沿いの細長いエリア。西は江戸川、東は内匠堀に挟まれた地域。内匠堀から行徳の海岸までは徳川幕府によって開拓された旧塩田地帯。

（2）真間。まま［崖］ほとんど垂直な傾斜地。がけ。畦畔《けいはん》の大きなものをいう。

（『広辞苑』第四版）

（3）『市川市の町名』

（4）『葛飾風土史　川と村と人』

（5）永正《えいしょう》六年（一五〇九）連歌師柴屋軒宗長《れんがしさいおくけんそうちょう》が浅草からすみだ川の河舟《かわぶね》に乗り、葛西の庄の河内《かわうち》を半日ばかり葭芦《よしあし》をしのぎながら今井という津《わたり》に着き、浄土門《じょうどもん》の浄興寺《じょうこうじ》に立ち寄る（『東路《あずまじ》の津登《つと》』）。徳川家康支配になる八一年前のことだが、今井の津は浅草と通船の便があったが、対岸の欠真間への渡船《とせん》はなかった。

（6）一、川　幅凡《およそ》五六間。村（当代島）の真中《まんなか》にあり。利根（江戸川）の枝川也《なり》。田中内匠は当村草創の家也。利根川向ふに当代といふ字の田畑凡十四五丁《ちょう》（約四万二千～四万五千坪）あり。此《この》人開発の新田也。今井渡舟《としゅう》も此人の農業渡し也。今も右渡し船持《もち》より田中氏へ上《あ》げ銭《せんい》出づといふ。

（『葛飾誌略』）

（7）今井の渡し。明治四〇年（一九〇七）の調査。所在地、千葉県東葛飾郡南行徳村大字欠真間字当代島にある川は船圦川《ふないりがわ》という。現在は埋立られて緑道になっている。

相之川、川幅一一四間、水幅六〇間、寛永八年（一六三一）十月許可、欠真間村より瑞穂村上《みずほむらかみ》今井《いまい》に至る。

（『千葉県東葛飾郡誌』復刻版）

（8）一、夕巻川《ゆうまきがわ》　是《これ》も此川（江戸川のこと）の一名にて名所に出でたり。（中略）此川むかしは小川にて、葛西方に付《つき》て川筋あり。古利根《ことね》とて今に存す。今の如く大川と成りしは、元和年中（一六一五～一六二三）、公命を以て開く。

（『葛飾誌略』）

行徳の内湊村といふは、海辺より大船の川へ入口也、（中略）いつの世かは河築留《かわつきと》め、今皆《いまみな》塩浜と成る、但築留たるも寛永年中歟《や》

（『葛飾記』）

（9）『葛飾風土史　川と村と人』

（10）行徳領《ぎょうとくりょう》塩浜《しおはま》古来《こらい》発起《ほっき》書留《かきとめ》

（前略）慶長元申年《けいちょうがんさるどし》伊奈備前守様《いなびぜんのかみさま》御支配之節《ごしはいのせつ》吉田佐太郎様御掛《おかかり》にて新塩浜開発被遊《あそばされ》御取箇《おとりが》之義者《のぎは》五ケ年御免《ごめん》にて上納可仕旨御書付被下置候《じょうのうつかまつるべきむねおんかきつけくだされおきそうろう》

新塩浜開発御書付

塩浜新開之義《しおはましんかいのぎ》五ケ年之間諸役有間敷候《しょやくあるまじきそうろう》、其以後者《そのいごは》十分一之積《のつも》りヲ以《をもって》御成ケ可致納所候《おなりがなっしょいたすべくそうろう》、

為後日手形如此仍如件《ごじつのためてがたかくのごとしよってくだんのごとし》

慶長元年申正月晦日《みそか》　吉田佐太郎書判《しょはん》

妙典村《みょうでんむら》

治郎右衛門《じろうえもん》

図　書

（『市川市史』第六巻上所収「行徳領塩浜由来書」）

（11）年貢塩相州小田原江船廻ニ而相納候由是又申伝候《ねんぐじおそうしゅうおだわらえふねまわしにてあいおさめそうろうよしこれまたもうしつたえそうろう》

（『市川市史』第六巻上所収「行徳領塩浜由来書」）

(12)『郷土読本　市川の歴史を尋ねて』

(13)『行徳郷土事典』所収「塩浜年貢永」

(14)万海と云行人《いう》の墳、海より川へ入口の畠にあり、此所《このところ》の字とす、大船、又鎌倉往行の舟の通路の地成事《なること》を惜《おし》みて、末世へ伝《つたえ》んため遺言せられて、此所に葬りしと也

（『葛飾記』）（『行徳歴史街道3』所収「湊村のぎょうにんさま」参照）

(15)『市川市字名集覧』

(16)一、湊新田　高《たか》三十石五斗四升七合。塩浜反別《しおはまたんべつ》四町三反一畝十九歩。実は新田にあらず。元禄年中（一六八八～一七〇四）故有《ゆえあ》りて一村と成り、公儀へ新湊村と書き上げし也。家数凡五十戸。

（『葛飾誌略』）

(17)一、舟渡　諸人《もろびと》前野渡しといふ。百姓渡し也。昔、前野鎌内（鎌田《かまだ》か）より塩稼《しおかせぎ》の為舟越《ためふなご》えしたり。今に当村（湊村のこと）に前野分といふ所有り。此故に女も渡す也。（後略）

（『葛飾誌略』）

(18)元禄十五午《うま》年平岡三郎右衛門様・池田新兵衛様・比企《ひき》長左衛門様御検地（新検と呼ぶ）

（中略）

一　塩浜反別合六町五反壱畝《いっせ》廿三ト　同新田（湊新田のこと、この前に湊村の記載あり）

永合拾六貫七百六拾六文

（『市川市史』第六巻上所収「行徳領塩浜由来書」）

(19)『葛飾誌略』所収「一、舟渡し」の項。(17)参照

(20)一、欠真間村。高四百五十二石六斗二升五合。塩浜高二町三反四畝三歩。家数凡二百三十軒。

香取相の川分一村也。

（『葛飾誌略』）

(21) 昭和三一年八月一一日、南行徳町合同委員会が八月九日に市川市から受け取った合併に関する要望書の回答を南行徳町長が合併促進委員会に説明、委員会はこれを諒承《りょうしょう》。また香取、相之川、島尻《しまじり》の三区の小字《こあざ》を大字《おおあざ》に昇格の事項についても、交渉委員会の決定通り諒承（『市川市史』第七巻現代編　戦後　一　合併「七一　南行徳町との合併経緯の概要」）。

（『詳解　行徳歴史年表』の「昭和三一年八月一一日の条」）

(22) 『葛飾風土史　川と村と人』

(23) 一、新井村　高百五十八石七斗四升四合。外に一石二斗二升四合。塩浜高九町五反四歩。家数凡八十戸。高村《たかむら》は欠真間村の出村也。

（『葛飾誌略』）

(24) 『郷土読本　行徳の歴史・文化の探訪1』

(25) 『現代語訳成田参詣記』

(26) 一、神明宮。四丁目幷《ならび》に新田鎮守。別当月性院《げっしょういん》（自性院《じしょういん》）。則《すなわ》ち伊勢内宮《いせないくう》様同神也。中例（洲）に在る時は小祠《しょうし》也。寛永十二乙亥《きのとい》（一六三五）大社《たいしゃ》に造立《ぞうりゅう》。其《その》造立の節、十五ケ村より寄進《きしん》有《あり》しといふ。（後略）

（『葛飾誌略』）

# 資料1　四九　上妙典村明細帳《かみみょうでんむらめいさいちょう》（明和四年四月）

（『市川市史』第六巻 史料　近世上　三　村況〈1〉村明細帳）

※明和四年は一七六七年

「明和《めいわ》四年
村鑑書上写《むらかがみかきあげうつし》扣帳《ひかえちょう》
亥《い》四月」（冊《さつ》）

御水帳《ごすいちょう》三冊《さんさつ》
内弐冊《うちにさつ》
元禄《げんろく》十五午年《うまどし》
御検地《ごけんち》
平岡三郎右衛門様《ひらおかさぶろうえもんさま》
池田新兵衛様《いけだしんべえさま》
比企長左衛門様《ひきちょうざえもんさま》
御料私領入合無御座候《ごりょうしりょういりあいござなくそうろう》

※元禄十五年は一七〇二年

壱冊《いっさつ》
享保《きょうほう》十九寅年《とらどし》
菅沼久次郎様《すがぬまひさじろうさま》
中島十左衛門様《なかじまじゅうざえもんさま》
下総国葛飾郡《しもうさのくにかつしかごおり》
上妙典村《かみみょうでんむら》

※享保十九年は一七三四年

一高百四石九斗三升壱合《ひとつたかひゃくよんこくきゅうとさんしょういちごう》
此反別拾四町六畝拾ト《このたんべつじゅうよんちょうろくせじゅうぶ》

田方九町八反八ト《でんかたきゅうちょうはちたんはちぶ》
　此取米七拾四石三斗四升八合《このとりまいななじゅうよんこくさんとよんしょうはちごう》
内《うち》
　畑方四町二反六畝弐ト《はたけかたよんちょうにたんろくせにぶ》
　此取米三拾五石五斗八升三合《このとりまいさんじゅうごこくごとはちしょうさんごう》
外葭野弐反四畝廿六ト《ほかよしのにたんよんせにじゅうろくぶ》　寅高入《とらたかいれ》
　此取永六拾弐文弐ト《このとりえいろくじゅうにもんにぶ》　同所新田《どうしょしんでん》

壱冊《いっさつ》

一高九石四斗六升八合《ひとつたかきゅうこくよんとろくしょうはちごう》
　此反別《このたんべつ》　悪地下々畑四町七反三畝拾弐ト《あくじげげばたよんちょうななたんさんせじゅうにぶ》
　此取永壱貫五百四文《このとりえいいっかんごひゃくよんもん》
塩浜反別合《しおはまたんべつあわせ》　拾九町五反四畝拾四ト《じゅうきゅうちょうごたんよんせじゅうよんぶ》
　内《うち》　四町七反三畝拾壱ト《よんちょうななたんさんせじゅういちぶ》　新田成《しんでんなり》
　残《のこり》　拾四町五反七畝拾九ト《じゅうよんちょうごたんななせじゅうきゅうぶ》
此取永弐拾貫四百六拾六文八ト塩浜役《このとりえいにじゅっかんよんひゃくろくじゅうろくもんはちぶしおはまやく》
　内《うち》永弐拾壱貫三百五拾壱分《えいにじゅういっかんさんびゃくご(ママ)ぶ》　四　ト《よんぶん(分カ)》　三金納《さんきんのう》
　　永七貫百拾六文七ト《えいななかんひゃくじゅうろくもんななぶ》　四分一塩納《よんぶんいちえんのう》
此塩百四拾弐俵三ト三厘四毛《このしおひゃくよんじゅうにひょうさんぶさんりんよんもう》

上々浜《じょうじょうはま》八反《はちたん》三畝《さんせ》弐ト《にぶ》　反《たん》ニ四百文取《によんひゃくもんとり》

上浜《じょうはま》壱町《いっちょう》弐反《にたん》九畝《きゅうせ》廿六ト《にじゅうろくぶ》　反《たん》ニ三百五十文取《にさんびゃくごじゅうもんとり》

中浜《ちゅうはま》四町《よんちょう》弐反《にたん》廿六ト《にじゅうろくぶ》　反《たん》ニ三百文取《にさんびゃくもんとり》

内六反《うちろくたん》五畝《ごせ》廿七ト《にじゅうななぶ》　新田成《しんでんなり》

下浜《げはま》七町《ななちょう》三畝《さんせ》八ト《はちぶ》　反《たん》ニ弐百五拾文取《ににひゃくごじゅうもんとり》

内弐町《うちにちょう》壱反《いったん》弐畝《にせ》拾八ト《じゅうはちぶ》　新田成《しんでんなり》

下々浜《げげはま》六町《ろくちょう》三反《さんたん》五畝《ごせ》拾三ト《じゅうさんぶ》　反《たん》ニ弐百文取《ににひゃくもんとり》

内壱町《うちいっちょう》八反《はちたん》五畝《ごせ》七ト《ななぶ》　新田成《しんでんなり》

家数合《いえかずあわせ》八拾八軒内《はちじゅうはちけんうち》　名主壱人《なぬしひとり》

六拾五軒《ろくじゅうごけん》大小百姓《だいしょうひゃくしょう》

弐拾三軒《にじゅうさんけん》借地《しゃくち》水呑《みずのみ》

馬弐疋《うまにひき》

人数合《にんずうあわせ》三百九拾人内《さんびゃくきゅうじゅうにんうち》

弐百七拾人男《にひゃくななじゅうにんおとこ》（人数合計《にんずうごうけい》、男女人数《だんじょにんずう》ハ原文書《はげんもんじょ》ノママ）

百三拾人《ひゃくさんじゅうにん》　女《おんな》

外《ほか》ニ《に》

寺壱ケ所《てらいっかしょ》

御除地《おのぞきち》　社地弐ケ所内《しゃちにかしょうち》　八幡宮《はちまんぐう》

廟壱ケ所《びょういっかしょ》　竜宮《りゅうぐう》

一《ひとつ》永五貫五百六拾壱文四卜《えいごかんごひゃくろくじゅういちもんよんぶ》　苦塩御運上金《にがじおごうんじょうきん》

一《ひとつ》受米《うけまい》御拝借《ごはいしゃく》　拾三石七斗壱升五合《じゅうさんこくななといっしょうごごう》

是ハ《これは》亥年《いどし》ゟ申年《よりさるどし》迄《まで》拾ケ年賦《じゅっかねんぷ》ニ《に》返納《へんのう》被仰付《おおせつけられ》去ル《さんぬる》亥年《いどし》ゟ返納《よりへんのう》仕《つかまつり》候《そうろう》

一《ひとつ》当村之儀ハ《とうそんのぎは》、佐倉海道《さくらかいどう》八幡町《やわたまち》江《え》定助村《じょうすけむら》ニ而《にて》不限昼夜《ちゅうやにかぎらず》ニ御伝馬人足相勤《おてんまにんそくあいつとめ》来申《きたりもうし》候《そうろう》

一《ひとつ》当村稼之義ハ《とうそんかせぎのぎは》、塩焼百姓《しおやきひゃくしょう》ニ而《にて》男女共《だんじょとも》ニ塩《にしお》たれ稼《かせぎ》仕《つかまつり》候《そうろう》、尤《もっとも》小高之村方《こたかのむらかた》ニ御座《ござ》候間《そうろうかん》、田畑不《でんぱたふ》足《そく》ニ而《にて》塩浜稼《しおはまかせぎ》斗《ばかり》ニ而《にて》渡世《とせい》仕《つかまつり》候《そうろう》

一《ひとつ》当村用水之儀ハ《とうそんようすいのぎは》、真間堰《ままぜき》八幡町《やわたまち》内匠堀《たくみぼり》ゟ引来リ《よりひきたり》申《もうし》候《そうろう》、水末之村方《みずまつのむらかた》ニ御座《ござ》候間《そうろうかん》、日干之年《ひかんのとし》ハ干《はかん》強《つよく》仕《つかまつり》候節《そうろうせつ》も御座《ござ》候《そうろう》、尤《もっとも》永雨之節《ながあめのせつ》ハ江戸川通り《えどがわどおり》満水《まんすい》仕《つかまつり》候間《そうろうかん》、殊外内水差支田畑共《ことのほかないすいさしつかえでんぱたとも》ニ水《にみず》腐《ぐされ》ニ罷成《にまかりなり》候節《そうろうせつ》も御座《ござ》候《そうろう》

一《ひとつ》当村《とうそん》ニ草苅場《にくさかりば》無御座《ござなく》候《そうろう》、田畑之間《でんぱたのあいだ》ニ生立《においたち》申《もうし》候《そうろう》草《くさ》を少々宛《しょうしょうあて》苅取用立《かりとりようだて》申《もうし》候《そうろう》、尤《もっとも》御料私領入《ごりょうしりょういり》会之草苅場《あいのくさかりば》無御座《ござなく》候《そうろう》

一《ひとつ》当村田畑《とうそんでんぱた》御料《ごりょう》私領入合之場所《しりょういりあいのばしょ》無御座《ござなく》候《そうろう》

一《ひとつ》当村御年貢米《とうそんおねんぐまい》津出場之義ハ《つだしばのぎは》、本行徳村《ほんぎょうとくむら》江《え》河岸《かし》迄《まで》津出舟積《つだしふなづみ》仕《つかまつり》候《そうろう》

一《ひとつ》当村之義ハ《とうそんのぎは》、海辺《うみべ》ニ而《にて》御座《ござ》候《そうろう》、不猟之場所《ふりょうのばしょ》ニ而《にて》魚猟之者《ぎょりょうのもの》壱人《ひとり》も無御座《ござなく》候《そうろう》、尤《もっとも》女子供共海江《おんなこどもどもうみえ》罷出海草《まかりいでかいそう》を取《とり》候節《そうろうせつ》御座《ござ》候《そうろう》

一《ひとつ》当村《とうそん》ニ塩焼竈《にしおやきかまど》合弐拾弐軒《あわせにじゅうにけん》御座《ござ》候《そうろう》

一《ひとつ》当村《とうそん》潮堤《しおつつみ》御普請所《ごぶしんじょ》大破《たいは》之節《のせつ》ハ《は》、御役所《おやくしょ》江《え》申上《もうしあげ》御見分《ごけんぶん》之上《のうえ》上置《うわおき》腹付《はらつき》共《とも》ニ《に》被成被下《なしくだされ》候《そうろう》

一《ひとつ》塩浜《しおはま》通《どお》り潮引《しおひき》江川《えがわ》井戸《いど》溝《みぞ》共《とも》ニ《に》埋《うま》リ《り》候《そうろう》節《せつ》ハ《は》、御願《おねがい》申上《もうしあげ》候《そうろう》御見分《ごけんぶん》之上《のうえ》御入用《ごにゅうよう》を以《もって》御普請《ごぶしん》
被成被下《なしくだされ》候《そうろう》

一《ひとつ》当村《とうそん》之内《のうち》ニ《に》造《つく》リ《り》酒屋《ざかや》幷《ならびに》猟舟《りょうふね》之類《のたぐい》無御座《ござなく》候《そうろう》

一《ひとつ》当村《とうそん》之内《のうち》ニ《に》御入用《ごにゅうよう》之圦樋《のいりひ》・橋《はし》無御座《ござなく》候《そうろう》

一《ひとつ》当村《とうそん》ニ《に》市場《いちば》立《たち》不申《もうさず》候《そうろう》

一《ひとつ》当村《とうそん》之内《のうち》ニ《に》座頭《ざとう》・後世《ごせ》（瞽女《ごぜ》か）・山伏《やまぶし》・神子《かみこ(みこ)》之類《のたぐい》無御座《ござなく》候《そうろう》

一《ひとつ》当村《とうそん》之内《のうち》ニ《に》名有木《なあるき》・山《やま》・平地《へいち》抔《など》無御座《ござなく》候《そうろう》

一《ひとつ》当村《とうそん》之内《のうち》ニ《に》大池《おおいけ》・大沼《おおぬま》無御座《ござなく》候《そうろう》

一《ひとつ》当村《とうそん》之内《のうち》ニ《に》古《ふる》キ《き》城跡《しろあと》抔《など》無御座《ござなく》候《そうろう》

一《ひとつ》当村《とうそん》之内《のうち》ニ《に》御預《おあずかり》リ《り》鉄砲《てっぽう》無御座《ござなく》候《そうろう》

一《ひとつ》当村《とうそん》ニ《に》御立野《おたての》無御座《ござなく》候《そうろう》

右者《みぎは》書面之《しょめんの》通リ《とおり》村方《むらかた》吟味《ぎんみ》仕《つかまつり》候処《そうろうところ》、疑敷者《うたがわしきもの》壱人《ひとり》も無御座候《ござなくそうろう》、依之印形帳面差上申処《よっていんぎょうのちょうめんさしあげもうすところ》、仍而《よって》如件《くだんのごとし》

行徳領《ぎょうとくりょう》上妙典村《かみみょうでんむら》

明和《めいわ》四年
亥ノ《いの》四月
野田《のだ》弥市右衛門様《やいちうえもんさま》

御《おん》役《やく》所《しょ》

（岩田家文書《いわたけもんじょ》）

※御料《ごりょう》は天皇や貴人が所有・使用などするものに対する尊敬語。私領《しりょう》は個人の領地。入合《いりあい》は一定地域の住民が特定の権利を持って一定の範囲の森林・原野・漁場に入り共同用役すること。入会権《いりあいけん》など。

※反別《たんべつ》は田畑《でんぱた》の地積の称。取米《とりまい》は江戸時代、田畑の年貢を米で割り付けたもの。取永《とりえい》は年貢を永樂銭《えいらくせん》で割り付けたもの。高入《たかいれ》は年貢の対象とすること。高は収穫・収入・知行《ちぎょう》・生産物などの額・数量。ト《ぶ》は面積の場合は歩《ぶ》、金額の場合は分《ぶ》。

※悪地下々畑《あくじげげばた》は収穫量の違いによる地質の等級。年貢の違いがある。上畑《じょうばた》、中畑《ちゅうばた》、下畑《げばた》、下々畑《げげばた》、悪地下々畑《あくじげげばた》。

※新田成《しんでんなり》は塩田が米作りのための農地に転換されたこと。

※四分の三金納、四分の一塩納。

※塩田の収穫量の違いによる等級。年貢の違いがある。上々浜《じょうじょうはま》、上浜《じょうはま》、中浜《ちゅうはま》、下浜《げはま》、下々浜《げげはま》。農民にとっては等級が低く評価されるほど年貢の額が少なくなるので有利になる。

※大小百姓は年貢を納める階層、借地・水呑は賃借り人。

※除地《じょち》は江戸時代、朱印地《しゅいんち》・見捨地《みすてち》以外で、租税を免除された土地。じょち。のぞきち。

※八幡宮《はちまんぐう》は妙典《みょうでん》一丁目の八幡神社《はちまんじんじゃ》。竜宮《りゅうぐう》は塩田の守り神として農民が祀ったもの。八大龍王《はちだいりゅうおう》など。

※定助村《じょうすけむら》は助郷《すけごう》とも。江戸時代、宿役常備《しゅくえきじょうび》の伝馬《てんま》・人足《にんそく》が不足する場合に、指定されて応援の人馬を負担する近隣の郷村《ごうそん》。また、その課役。常任のものを定助郷《じょうすけごう》という。

※拾四町《じゅうよんちょう》五反七畝《ごたんなせ》拾九ト《じゅうきゅうぶ》の塩田面積に対して塩焼竈合《しおやきかまどあわせ》弐拾弐《にじゅうに》軒《けん》だから一竈当《ひとかまどあ》たり平均六反六畝《ろくたんろくせ》余《よ》の塩田面積になる。

※塩田を囲む防潮堤《ぼうちょうてい》、海水を引き込む江川《えがわ》・井戸溝《いどみぞ》が埋まった時は幕府に願い出て幕府の費用で、つまり御入用《ごにゅうよう》を以て普請《ふしん》をしてもらっていたことがわかる。

※立野《たての》は幕府の直轄地で農民の一般的利用を禁じた原野。

# 資料2　五〇　下妙典村明細帳《しもみょうでんむらめいさいちょう》（天保九年三月）

（『市川市史』第六巻 史料　近世上　三　村況〈1〉村明細帳）

※天保九年は一八三八年

「天保《てんぽう》九年
村差出《むらさしだ》し書上帳《かきあげちょう》
戌《いぬ》三月
行徳領《ぎょうとくりょう》
下妙典村《しもみょうでんむら》」（冊《さつ》）

伊奈友之助《いなとものすけ》御代官所《おだいかんしょ》
下総国《しもうさのくに》葛飾郡《かつしかごおり》　行徳領《ぎょうとくりょう》
下妙典村《しもみょうでんむら》

御検見取《おんけみとり》
一高百弐拾弐石九斗壱升五合《ひとつたかひゃくにじゅうにこくきゅうといっしょうごごう》
反別拾七町三畝廿ト《たんべつじゅうななちょうさんせにじゅうぶ》
此訳《このわけ》
田高九拾石三斗七升九合《たたかきゅうじゅっこくさんとななしょうきゅうごう》
石盛《こくもり》
五七九拾壱《じゅういち》

反別《たんべつ》拾弐町《じゅうにちょう》壱反《いったん》五畝《ごせ》六ト《ろくぶ》
内反別《うちたんべつ》弐町《にちょう》五反《ごたん》五畝《ごせ》八ト《はちぶ》　去酉付荒皆無引《さんぬるとりあれにつきみなひきなし》
※去酉は天保八年、荒付は八月の大風雨
残反別《ざんたんべつ》九町《きゅうちょう》五反《ごたん》九畝《きゅうせ》廿八ト《にじゅうはちぶ》
此取米《このとりまい》三拾五石《さんじゅうごこく》四斗《よんと》八升《はちしょう》弐合《にごう》　高免《たかめん》三ツ《みっつ》九ト《きゅうぶ》三厘《さんりん》之内《のうち》
畑高《はたけたか》三拾弐石《さんじゅうにこく》五斗《ごと》三升《さんしょう》六合《ろくごう》　石盛《こくもり》
三五七九
反別《たんべつ》五町《ごちょう》壱反《いったん》八畝《はっせ》拾四ト《じゅうよんぶ》
此取永《このとりえい》六貫《ろっかん》三百《さんびゃく》八拾《はちじゅう》八文《はちもん》四ト《よんぶ》　平均反永《へいきんたんえい》百《ひゃく》廿三文《にじゅうさんもん》弐ト《にぶ》余《よ》
御検見取《おんけみとり》
一高《ひとつたか》五石《ごこく》八斗《はちと》三升《さんしょう》弐合《にごう》　小宮山杢之進《こみやまもくのしん》見立《みたて》
反別《たんべつ》弐町《にちょう》九反《きゅうたん》壱畝《いっせ》拾八ト《じゅうはちぶ》　同所新田《どうしょしんでん》
此訳《このわけ》
田高《たたか》弐石《にこく》三斗《さんと》弐升《にしょう》四合《よんごう》　石盛弐《こくもりに》
悪地下々畑田成《あくじげげばたでんなり》
此反別《このたんべつ》壱町《いっちょう》壱反《いったん》六畝《ろくせ》六ト《ろくぶ》
此取米《このとりまい》三石《さんこく》壱斗《いっと》三升《さんしょう》九合《きゅうごう》　高免《たかめん》十ヲ《じゅうを》三ツ《みっつ》四ト《よんぶ》八厘《はちりん》余《よ》
畑高《はたけたか》三石《さんこく》五斗《ごと》八合《はちごう》　石盛弐《こくもりに》

反別《たんべつ》壱町《いっちょう》七反《ななたん》五畝《ごせ》拾弐《じゅうに》ト《ぶ》
此取《このとり》永《えい》八百七拾七文《はっぴゃくななじゅうななもん》
平均《へいきん》反永《たんえい》五拾文《ごじゅうもん》
安永八《あんえいはち》亥《い》高入《たかいれ》
同所新田《どうしょしんでん》
御検見取《おんけみとり》
一高八斗《ひとつたかはちと》三升《さんしょう》弐合《にごう》
反別四反壱畝《たんべつよんたんいっせ》拾八《じゅうはち》ト《ぶ》
此訳《このわけ》
田高六斗《たたかろくと》弐《に》升三合《しょうさんごう》　石盛《こくもり》弐《に》
畑田成三反壱畝《はたけでんなりさんたんいっせ》四ト《よんぶ》
此取米八斗《このとりまいはちと》四升壱合《よんしょういちごう》
高免十《たかめんじゅう》ヲ《を》三ツ《みっつ》五ト《ごぶ》之内《のうち》
畑高《はたけたか》弐斗《にと》九合《きゅうごう》　石盛《こくもり》弐《に》
反別壱反拾四《たんべついったんじゅうよん》ト《ぶ》
此取永《このとりえい》弐拾六文《にじゅうろくもん》弐ト《にぶ》
平均反永廿《へいきんたんえいにじゅう》五文《ごもん》余《よ》
天保《てんぽう》二《に》卯《う》御高入《おんたかいれ》
御検見取《おんけみとり》
一高七拾《ひとつたかななじゅう》弐《に》石六斗《こくろくと》五升四合《ごしょうよんごう》
同所新田《どうしょしんでん》
反別拾四町九反七《たんべつじゅうよんちょうきゅうたんなな》畝《せ》拾八《じゅうはち》ト《ぶ》
此訳《このわけ》
田高《たたか》五拾三石四斗《ごじゅうさんこくよんと》壱升壱合《いっしょういちごう》　石盛《こくもり》五七

※安永八年は一七七九年

※天保二年は一八三一年

反別《たんべつ》九町《きゅうちょう》廿七卜《にじゅうななぶ》

内反別《うちたんべつ》三町《さんちょう》四反《よんたん》四畝《よんせ》二卜《にぶ》　去酉付荒皆無引《さんぬるとりあらにつきみなひきなし》

残《ざん》五町《ごちょう》五反《ごたん》六畝《ろくせ》廿五卜《にじゅうごぶ》

此取米《このとりまい》拾壱石《じゅういっこく》四斗《よんと》八合《はちごう》　高免《たかめん》二ツ《ふたつ》壱卜《いちぶ》四厘《よんりん》之内《のうち》

畑高《はたけたか》拾九石《じゅうきゅうこく》弐斗《にと》三升《さんしょう》三合《さんごう》　石盛《こくもり》三五

反別《たんべつ》五町《ごちょう》九反《きゅうたん》六畝《ろくせ》廿壱卜《にじゅういちぶ》

此取永《このとりえい》弐貫《にかん》三百四拾四文《さんびゃくよんじゅうよんもん》弐卜《にぶ》　平均反永《へいきんたんえい》三拾九文《さんじゅうきゅうもん》三卜《さんぶ》内《うち》

御検見取《おんけみとり》

一高《ひとつたか》拾壱石《じゅういっこく》五斗《ごと》四升《よんしょう》三合《さんごう》　天保四年《てんぽうよねん》巳《み》高入《たかいれ》

反別《たんべつ》弐町《にちょう》五反《ごたん》七畝《ななせ》拾五卜《じゅうごぶ》　同所新田《どうしょしんでん》

此訳《このわけ》

田高《たたか》八石《はちこく》六斗《ろくと》九合《きゅうごう》　石盛《こくもり》七五

反別《たんべつ》壱町《いっちょう》五反《ごたん》九畝《きゅうせ》廿壱卜《にじゅういちぶ》

内反別《うちたんべつ》壱町《いっちょう》弐反《にたん》壱畝《いっせ》八卜《はちぶ》　去酉付荒皆無引《さんぬるとりあらにつきみなひきなし》

残反別《ざんたんべつ》三反《さんたん》八畝《はっせ》拾三卜《じゅうさんぶ》

此取米《このとりまい》六斗《ろくと》五升《ごしょう》四合《よんごう》　高免《たかめん》七卜《ななぶ》六厘《ろくりん》之内《のうち》

※天保四年は一八三三年

畑高《はたけたか》弐《に》石《こく》九《きゅう》斗《と》三《さん》升《しょう》四《よん》合《ごう》　石盛《こくもり》三《さん》
反別《たんべつ》九《きゅう》反《たん》七《なな》畝《せ》廿《にじゅう》四《よん》卜《ぶ》　平均反永《へいきんたんえい》四《よん》拾《じゅう》壱《いち》文《もん》
此取永《このとりえい》三《さん》百《びゃく》九《きゅう》拾《じゅう》壱《いち》文《もん》弐《に》卜《ぶ》
塩浜反別《しおはまたんべつ》六《ろく》町《ちょう》六《ろく》反《たん》五《ご》畝《せ》拾《じゅう》八《はち》卜《ぶ》
元永《もとえい》拾《じゅう》六《ろく》貫《かん》五《ご》拾《じゅう》六《ろく》文《もん》五《ご》卜《ぶ》
一《ひとつ》永《えい》拾《じゅう》三《さん》貫《かん》弐《に》百《ひゃく》九《きゅう》拾《じゅう》八《はち》文《もん》七《なな》卜《ぶ》　塩浜役永年貢《しおはまやくえいねんぐ》
平均反永《へいきんたんえい》百《ひゃく》九《きゅう》十《じゅう》九《きゅう》文《もん》八《はち》卜《ぶ》
永《えい》拾《じゅう》弐《に》貫《かん》四《よん》拾《じゅう》弐《に》文《もん》三《さん》卜《ぶ》七《なな》厘《りん》五《ご》毛《もう》　四《よん》卜《ぶん》三《さん》納《のう》永《えい》
永《えい》壱《いっ》貫《かん》弐《に》百《ひゃく》五《ご》拾《じゅう》六《ろく》文《もん》三《さん》卜《ぶ》弐《に》厘《りん》五《ご》毛《もう》　四《よん》卜《ぶん》一《いち》塩《えん》納《のう》
外永《ほかえい》弐《に》貫《かん》七《なな》百《ひゃく》五《ご》拾《じゅう》七《なな》文《もん》八《はち》卜《ぶ》　正塩納《せいえんのう》元永《もとえい》減《げん》
一《ひとつ》此塩《このしお》弐《に》拾《じゅう》七《なな》石《こく》五《ご》斗《と》七《なな》升《しょう》八《はち》合《ごう》　正塩納《せいえんのう》
一《ひとつ》八幡町《やわたまち》助郷《すけごう》相勤《あいつとめ》申《もうし》候《そうろう》
一《ひとつ》家数《いえかず》八《はち》拾《じゅっ》軒《けん》　惣人数《そうにんずう》三《さん》百《びゃく》四《よん》拾《じゅう》人《にん》内《うち》
男《おとこ》百《ひゃく》六《ろく》拾《じゅう》弐《に》人《にん》
女《おんな》百《ひゃく》七《なな》拾《じゅう》八《はち》人《にん》
外馬《ほかうま》弐《に》疋《ひき》
御除地《おんじょち》境内《けいだい》外《ほか》
下総国《しもうさのくに》葛飾郡《かつしかごおり》
中山《なかやま》法花《ほけ》経《きょう》寺《じ》末寺《まつじ》

一《ひとつ》反別七反三畝拾五ト《たんべつななたんさんせじゅうごぶ》　日蓮宗清寿寺《にちれんしゅうせいじゅじ》

僧二人《そうふたり》

一《ひとつ》鎮守春日明神《ちんじゅかすがみょうじん》　壱社《いっしゃ》　同寺境内ニ罷在候《どうじけいだいにまかりありそうろう》

一《ひとつ》石橋《いしばし》　自普請所《じぶしんしょ》　壱ケ所《いっかしょ》

一《ひとつ》村内《そんない》　本行徳村境ゟ上妙典村境迄《ほんぎょうとくむらざかいよりかみみょうでんむらざかいまで》　但《ただし》村巾拾八間長三丁程《むらはばじゅうはちけんながさんちょうほど》

一《ひとつ》農業塩浜稼女者糸はた苅草之手業仕候《のうぎょうしおはまかせぎおんなはいとはたかりくさのてわざつかまつりそうろう》

右者《みぎは》、今般御巡見ニ付《こんぱんごじゅんけんにつき》、前書之通奉書上候処《ぜんしょのとおりかきあげたてまつりそうろうところ》、相違無御座候《そういござなくそうろう》、以上《いじょう》

下総国葛飾郡《しもうさのくにかつしかごおり》　行徳領《ぎょうとくりょう》

下妙典村《しもみょうでんむら》

天保九年《てんぽう》

戌《いぬ》三月

名主《なぬし》　甚兵衛《じんべえ》

年寄《としより》　四郎左衛門《しろうざえもん》

百姓代《ひゃくしょうだい》　惣左衛門《そうざえもん》

伊奈友之助様《いなとものすけさま》

御役所《おやくしょ》

（岩田家文書《いわたけもんじょ》）

※検見取は米の収穫前に幕府が役人を派遣して豊凶の検査をして年貢高を定めること。

※悪地《あくじ》下々《げげ》畑田成《ばたでんなり》は畑を田に転換したこと。

※石盛は江戸時代、田畑の反当り収穫高を示す数。検地のとき、田畑を上・中・下・下々の四等級に分け、上田を基準として定めた各等級の反当り収穫高を一斗で除して求める。

# 参考文献


『浦安町誌 上』浦安町誌編纂委員会編集　一九六九年一二月一日発行

『災害と闘ってきたまち　―浦安市災害史調査報告書』浦安市教育委員会　一九九六年三月発行

『千葉県東葛飾郡誌』（復刻版）千秋社　一九八八年一〇月五日発行

『明解　行徳の歴史大事典』鈴木和明著　文芸社　二〇〇五年三月一五日発行

『おばばと一郎　3』鈴木和明著　文芸社　二〇〇一年二月一五日発行

『行徳歴史街道　5』鈴木和明著　文芸社　二〇一六年五月一五日発行

『大正六年暴風海嘯惨害誌』東葛飾郡役所　大正七年五月三一日発行

『南行徳のむかし話』市川市立南行徳小学校ＰＴＡ編集　昭和五四年二月発行

『房総叢書』（第六巻）所収『葛飾誌略』房総叢書刊行会　一九四一年一一月一〇日発行

『「葛飾誌略」の世界』鈴木和明著　文芸社　二〇一五年四月一五日発行

『成田市史』中世・近世編　成田市　昭和六一年発行

『従本行徳成田山迄　道普請寄進帳』船橋中央図書館蔵

『房総の道成田街道』山本光正著　聚海書林　昭和六二年三月二五日発行

『江戸川区史』第一巻　江戸川区　一九七六年三月一五日発行

『改訂房総叢書第四輯』所収『房総三州漫録』改定房総叢書刊行会　一九五九年五月三〇日発行

『行徳の文学』 鈴木和明著　文芸社　二〇一七年五月一五日発行
『古文書にみる江戸時代の村とくらし②』 江戸川区教育委員会　一九九一年三月三一日発行
『遊歴雑記初編』 十方庵敬順著　朝倉治彦校訂　平凡社東洋文庫　一九八九年四月一七日発行
『佐倉市史』 巻三　佐倉市　昭和五四年三月二五日発行
『日本随筆大成〈第二期〉5』 所収『兎園小説余録』 曲亭馬琴著　吉川弘文館
一九九四年八月一日新装版第一刷発行
『下総行徳塩業史』 楫西光速著　アチックミューゼアム　一九四一年一〇月三〇日発行
『成田山新勝寺』（第二刷） 大野政治著　崙書房　一九八一年五月二〇日発行
『市川の伝承民話』 第二集　市川市教育委員会　昭和五六年三月三一日発行
『広辞苑』（第四版） 新村出編　岩波書店　一九九一年一一月一五日発行
『郷土読本　市川の歴史を尋ねて』 市川市教育委員会　一九八八年三月二〇日発行
『勝鹿図志手くりふね』 行徳金堤著　文化一〇年（一八一三）
『「勝鹿図志手くりふね」の世界』 鈴木和明著　文芸社　二〇一六年一一月一五日発行
『勝鹿図志手ぐり舟』 宮崎長蔵著　ホビット社　一九九〇年九月二五日発行
『影印・翻刻・注解　勝鹿図志手繰舟』 高橋俊夫編著　崙書房　一九八〇年七月三〇日発行
千葉県史料近世編『伊能忠敬測量日記　二』 千葉県　一九八八年三月三〇日発行
『伊能忠敬測量日記　第一巻』 佐久間達夫校訂　大空社　一九八八年六月三〇日発行

『行徳郷土史事典』鈴木和明著　文芸社　二〇〇三年一一月一五日発行
『伊能忠敬　測量日記　別巻　新説 伊能忠敬』編著者佐久間達夫　一九九八年六月三〇日発行
『葛飾北斎伝』飯島虚心著　鈴木重三校注　一九九九年八月一八日発行
『四千万歩の男（一）』井上ひさし著　講談社　一九九二年一一月一五日発行
『葛飾風土史　川と村と人』遠藤正道著　明光企画　一九七八年三月二二日発行
『江戸名所図会・下』原田幹校訂　人物往来社　一九六七年五月一日発行
市川市石造文化財調査報告書『市川市の石造物』市立市川歴史博物館　平成二〇年一〇月一九日発行
『郷土読本　行徳の歴史・文化の探訪1』鈴木和明著　文芸社　二〇一四年七月一五日発行
『郷土読本　行徳の歴史・文化の探訪3』鈴木和明著　文芸社　二〇一九年六月一五日発行
『行徳歴史街道2』鈴木和明著　文芸社　二〇〇六年一二月一五日発行
『市川市史』第六巻上　市川市史編纂委員会編　吉川弘文館
『燕石十種』（第五巻）所収『葛飾記』岩本活東子編　中央公論社　一九八〇年五月三〇日発行
『群書類従　第十八輯　日記部紀行部』所収『東路の津登』塙保己一編　続群書類従完成会
一九三二年一〇月一五日発行
『市川市の町名』市川市教育委員会　一九八七年三月三一日発行
『市川市字名集覧』市川市教育委員会　一九七三年一月発行
『現代語訳　成田参詣記』大本山成田山新勝寺成田山仏教研究所　平成一〇年四月二八日発行

『市川市史』（第五巻　史料　古代・中世）所収「香取文書」一九七三年三月三一日発行

『行徳レポート　その（1）―年表・絵地図集―』市立市川歴史博物館　一九八九年三月一二日発行

# あとがき

「人　――この素晴らしき生きもの」。本書のテーマは各時代に躍動した人です。庶民から著名人まで、農民から権力者まで、現役の人から隠居した後の活躍まで、人々の動きを追いました。

かくいう筆者の執筆も隠居後の道楽といっても過言ではありません。

江戸時代、江戸の三大道楽というものがあって、釣り道楽・園芸道楽・文芸道楽がありました。道楽は学問に極まるという言葉がありました。伊能忠敬などはさしずめ学問道楽の代表格でしょう。

筆者の執筆は文芸道楽の範疇で、学問にまでは昇華していないと思っています。

これからも連載の紙面が続く限り書き続けたいと思っていましたが、その願いもかなわなくなってしまいました。

掲載の紙面を提供してくださっていた「有限会社行徳ニュース社」社長山口茂氏が亡くなられて『京葉タイムス』紙が休刊となったためです。

二〇〇一年三月一一日第四七九号から始まった連載は二〇一八年一二月九日第七四四号まで一七年九ヶ月に及びました。本書の巻頭を飾った「幻の村と浄土宗寺院」は二〇一九年二月からの掲載予定稿でした。

この間、おおよそ三年ごとに『行徳歴史街道』シリーズを刊行し、今回で六巻目となりました。紙面を提供していただいた山口茂氏に御礼申し上げますとともに、心より哀悼の意を表したいと思います。

二〇二〇年一月吉日

鈴木和明

# 索　引

## 著者プロフィール

**鈴木 和明**（すずき かずあき）

1941年、千葉県市川市に生まれる。

南行徳小学校、南行徳中学校を経て東京都立上野高等学校通信制を卒業。

1983年、司法書士試験、行政書士試験に合格。翌1984年、司法書士事務所を開設。

1999年、執筆活動を始める。

南行徳中学校PTA会長を2期務める。新井自治会長を務める。

市川博物館友の会会員。2016年3月末まで新井熊野神社氏子総代を務める。

趣味：読書、釣り、将棋（初段）

著書に『おばばと一郎1～4』『行徳郷土史事典』『明解 行徳の歴史大事典』『行徳歴史街道1～5』『郷土読本 行徳 塩焼の郷を訪ねて』『郷土読本 行徳の歴史・文化の探訪1～3』『「葛飾誌略」の世界』『「葛飾記」の世界』『「勝鹿図志手くりふね」の世界』『行徳の文学』『行徳歴史の扉』『詳解 行徳歴史年表』『僕らはハゼっ子』『江戸前のハゼ釣り上達法』『天狗のハゼ釣り談義』『ハゼと勝負する』『HERA100　本気でヘラと勝負する』（以上、文芸社刊）『20人の新鋭作家によるはじめての出版物語』（共著、文芸社刊）などがある。

http://www.s-kazuaki.com

**行徳歴史街道 6**　人――この素晴らしき生きもの

---

2020年2月15日　初版第1刷発行

著　者　鈴木 和明
発行者　瓜谷 綱延
発行所　株式会社文芸社
〒160-0022 東京都新宿区新宿1－10－1
電話 03-5369-3060（代表）
03-5369-2299（販売）

印刷所　株式会社フクイン

---


ISBN978-4-286-21243-2

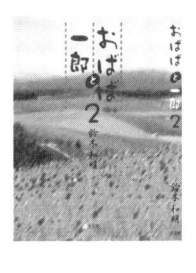

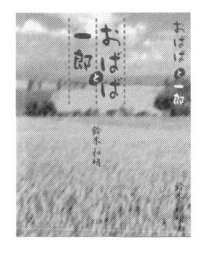

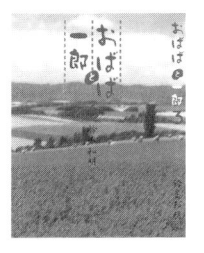

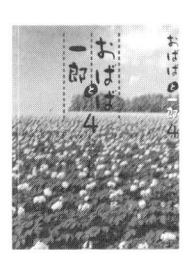

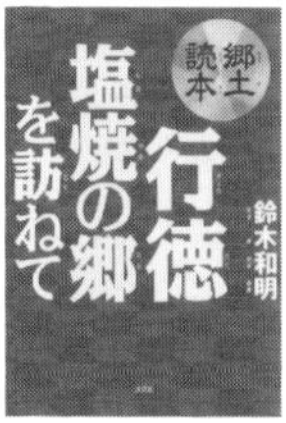


**『郷土読本　行徳　塩焼の郷を訪ねて』**

時代と歴史の深さを知ることができる充実した学んで身になる郷土史。

塩焼で栄え要衝としてにぎわった行徳の町の様子や出来事、産業、人物、伝説など、興味深い話が続々と登場。中世から江戸、明治、大正に至る歴史的背景を紐解きつつ紹介。

A5 判 290 頁
定価 1,540 円（税込み）

**『「葛飾誌略」の世界』**

『葛飾誌略』を全文掲載、解説を試みた研究書 !!

当時のガイドブックと言える『葛飾誌略』には、詩歌も多く収録されている。行徳の郷土史研究に欠かせない、江戸時代後期の地誌『葛飾誌略』から見えてくる行徳塩浜と農民の姿。

A5 判 382 頁
定価 1,980 円（税込み）

**『「葛飾記」の世界』**

『葛飾記』を全文掲載、解説と関連史料も多数紹介！

享保年間刊行の『江戸砂子』『続江戸砂子』に続く、これぞ江戸時代の「行徳」ガイドブック決定版！　「葛飾三地誌」研究、第２弾。

行徳塩浜の名所、寺社の往時の姿が今、鮮やかに甦る。

A5 判 254 頁
定価 1,870 円（税込み）

**『「勝鹿図志手くりふね」の世界』**

『勝鹿図志手くりふね』を全文掲載、関連史料による詳細解説。

遠き先祖・鈴木金堤の想いを継ぎ、行徳の名所など寄せられた数多の句とともに、小林一茶をはじめとする俳人から葛飾を紹介した文芸的地誌の決定版！　「葛飾三地誌」研究、第３弾。

A5 判 238 頁
定価 1,870 円（税込み）